오버록으로
간단하게 만드는 예쁜 옷

구라이 무키 지음

즐거운상상

도카이 그룹의 샵에서 열고 있는 '구라이 무키 소잉스쿨'. 무려 13년 동안 꾸준히 운영되었고 이제 개설된 샵이 200곳을 넘었습니다.
매월 새 옷본 3~5종을 선보이며 지금은 600종 이상을 보유하게 되었습니다.
이 책은 그중에서도 학생들에게 인기 많은 옷본과 스태프가 강추하는 옷본을 모아 한 권으로 정리한 스타일북입니다. 스쿨 회원이 아닌 분들도 이 옷본을 유용하게 활용했으면 하는 마음입니다.

구라이 무키 스타일 소잉은 오버록 재봉틀로 간단하고 예쁘면서도 마음에 드는 나만의 옷을 만드는 양재 테크닉입니다. 40년 이상 양재에 종사한 경험에서 얻은 지혜를 옷본과 옷 만드는 법에 담았습니다.

사이즈는 S, M, L, LL 4단계로 되어 있으며 착용감에도 신경 썼기 때문에 자기 사이즈에 딱 맞는 옷을 만들 수 있습니다. 일부러 넉넉한 사이즈로 만들어 입어도 또 다른 스타일로 여유있게 즐길 수 있답니다.
또 옷 길이나 소매 길이를 다르게 하면 블라우스, 튜닉, 원피스 등으로 다양하게 변형하여 만들 수 있지요.

내 손으로 만든 옷으로 자신만의 스타일을 즐겨 보시기 바랍니다.

구라이 무키

CONTENTS

A¹

photo / page. 6, 7
how to make / page. 45
뒤판 접박기 블라우스

A²

photo / page. 6, 7
how to make / page. 45
뒤판 접박기 블라우스

B¹

photo / page. 8
how to make / page. 63
앞뒤로 입을 수 있는 꼬임 튜닉

B²

photo / page. 9
how to make / page. 67
앞뒤로 입을 수 있는 꼬임 블라우스

C¹

photo / page. 10
how to make / page. 77
스탠드칼라 셔츠원피스

F¹

photo / page. 16
how to make / page. 59
투웨이 리본 블라우스

F²

photo / page. 18
how to make / page. 59
투웨이 리본 블라우스

G

photo / page. 19
how to make / page. 93
접박기 와이드 팬츠

H¹
photo / page. 20
how to make / page. 41
텐트 튜닉

H²

photo / page. 21
how to make / page. 44
텐트 원피스

J¹

photo / page. 24
how to make / page. 68
접박기 하이넥 블라우스

J²

photo / page. 31
how to make / page. 68
접박기 하이넥 블라우스

K¹

photo / page. 26
how to make / page. 77
롱조끼

K²

photo / page. 27
how to make / page. 81
점퍼스커트 스타일 롱조끼

L¹
photo / page. 28
how to make / page. 82
래글런 재킷

C²

photo / page. 11
how to make / page. 72
스탠드칼라 셔츠

D¹

photo / page. 12
how to make / page. 55
프릴 소매 티셔츠

D²

photo / page. 13
how to make / page. 55
프릴 소매 티셔츠

E¹
photo / page. 14
how to make / page. 49
소맷부리 개더 티셔츠

E²
photo / page. 15
how to make / page. 54
소맷부리 개더 티셔츠

H³

photo / page. 22
how to make / page. 45
텐트 원피스

I

photo / page. 23
how to make / page. 86
9부 와이드 팬츠

M size — 165cm, B86cm
S size — 162cm, B79cm
LL size — 164cm, B95cm

L²

photo / page. 30
how to make / page. 82
래글런 재킷

L³

photo / page. 32
how to make / page. 85
래글런 롱재킷

M

photo / page. 29
how to make / page. 90
센터 절개 팬츠

[이 책의 기준 치수]

size	S	M	L	LL
가슴둘레	80	86	92	98
허리둘레	64	70	76	82
엉덩이둘레	86	92	98	104
키	158(공통)			

※ 단위는 cm

기본 도구 & 있으면 편리한 도구   page. 34
구라이 무키식 소잉 기본 규칙   page. 36
작품 만드는 법(how to make)   page. 41
부록 · 실물 크기 옷본

A¹ → how to make / page. 45
A² → how to make / page. 45

뒤판 접박기 블라우스

꽉 끼지 않는 네크라인과 돌먼 소매로 착용하기 편한 풀오버입니다. 밑단이 몸판을 조여주는 디자인이라서 깔끔한 느낌으로 입을 수 있습니다.

M
page. 29

M
page. 29

A¹
A²

뒤판에 브이자로 겹쳐지도록 접박기를 해 색다른 느낌을 냈습니다. 접박기 부분을 앞으로 입어도 멋진 디자인입니다.

B¹ → how to make / page. 63

앞뒤로 입을 수 있는 꼬임 튜닉

몸판 중 한쪽은 목이 많이 드러나지 않도록 얕게 판 브이넥이고, 다른 한쪽은 꼬임을 넣어 포인트를 준 깊은 브이자 트임입니다.
한 벌로 다른 분위기를 즐길 수 있습니다. 옆선 밑단에는 슬릿을 넣어서, 입었을 때 여유 있으면서도 날씬하게 보입니다. 반소매로 만들어도 좋습니다.

M
page. 29

꼬임 모양의 드레이프가 잘 나오도록 얇은 옷감을 추천합니다.

B² → how to make / page. 67

앞뒤로 입을 수 있는 꼬임 블라우스

왼쪽 페이지의 디자인을 블라우스 길이로 변형했습니다. 옆선 슬릿을 만들지 않아서 더 빨리 만들 수 있습니다. 꼬임 쪽을 앞으로 오게 입으면 가슴 부분이 더 여유 있는 실루엣이 됩니다.

M
page. 29

B¹
B²

C 1 → how to make / page. 77

스탠드칼라 셔츠원피스

단정한 인상을 주는 스탠드칼라 셔츠원피스. 목이 날씬하게 보이는 브이넥으로 간편하게 머리부터 쑥 넣어 입을 수 있습니다. 앞판과 뒤판에 모두 접박기를 넣어서, 펑퍼짐하지 않고 세로로 긴 실루엣을 연출할 수 있어요.

page. 23

뒤판에 단 바대도 셔츠다운 느낌을 한층 살리는 포인트. 길이는 키에 맞춰서 옷본을 늘이거나 줄여서 사용하면 됩니다. 모델이 착용한 작품은 옷본에 3cm를 더해 만들었습니다.

C² → how to make / page. 72

스탠드칼라 셔츠

왼쪽 페이지의 원피스를 블라우스 길이로 변경하고 화려한 프린트무늬로 만들었습니다. 오피스룩이 필요한 직장이나 식사 모임 등 격식을 차려야 하는 자리에서 입기도 좋습니다. 옷본에 반소매 선이 있어 반소매로도 만들 수 있습니다.

M
page. 29

D¹ → how to make / page. 55

프릴 소매 티셔츠

꽃잎처럼 프릴이 겹쳐지는 소매가 우아하고 예뻐서 여성스러운 분위기가 물씬 풍깁니다. 팔뚝을 가려 주는 점도 마음에 들지요. 소맷부리는 인터록 실 색깔이 악센트가 되도록 골랐습니다.

M
page. 29

D² → how to make / page. 55

프릴 소매 티셔츠

왼쪽 페이지의 디자인을 다른 색, 다른 옷감으로 만들었습니다. 인터록 실은 옷감과 같은 색으로 하여 무난한 스타일입니다. 프릴 주름이 예쁘게 떨어지는 부드러운 옷감을 추천합니다.

I
page. 23

D¹
D²

E¹ → how to make / page. 49
E² → how to make / page. 54

소맷부리 개더 티셔츠

소매와 몸판이 하나로 된 편안한 실루엣입니다. 앞옆감의 절개선과 소매의 고무줄 개더가 포인트입니다. 팔뚝도 폭 감싸 주어서 신경 쓰지 않고 편하게 입을 수 있습니다.

M
page. 29

뒤판 네크라인은 적당한 깊이의 브이자 모양으로 세련된 느낌이 듭니다. 밑단은 곡선으로 만들어서 엉덩이를 살짝 가려 줍니다.

M
page. 29

E¹
E²

F¹ → how to make / page. 59

투웨이 리본 블라우스

어느 쪽을 앞으로 입어도 되는 투웨이 리본 블라우스. 옷깃 대신 단 리본을 묶는 법에 따라서 다양한 스타일로 즐길 수 있습니다. 가벼운 외출에 잘 어울립니다.

G
page. 19

리본을 뒤에서 묶는 방향으로 입으면 앞에서 봤을 때 하이넥 스타일이 됩니다. 리본을 묶지 않고 앞으로 돌려서 늘어뜨려도 좋아요. 늘씬하게 보이는 실루엣도 고급스러운 인상을 줍니다.

F¹

뒤쪽에서 보면 리본과 네크라인이 떨어져 있어서, 브이넥과 리본 매듭 사이로 살짝 피부가 드러나는 느낌이 멋집니다.

F² → how to make / page. 59

투웨이 리본 블라우스

P.16 작품을 다른 옷감으로 만들었습니다. 리본이 앞쪽에 오도록 입으면 보타이 블라우스처럼 보입니다. 나비 매듭, 한매듭 등 그날의 기분에 따라 다르게 묶어서 즐겨보세요.

M
page. 29

G

→ how to make / page. 93

접박기 와이드 팬츠

발목까지 가리는 길이로 체형을 신경 쓰지 않아도 되는 와이드 팬츠. 마음 든든한 아이템이지요. 접박기를 많이 넣어서 스커트처럼 보이기도 하는 실루엣이라 폭넓게 활용할 수 있습니다.

F[1] page. 16

F[2]
G

H ^{1} → how to make / page. 41

텐트 튜닉

옆선 쪽에 옷감을 많이 배치하여 밑단이 플레어처럼 펼쳐지는 예쁜 텐트 실루엣입니다. 엉덩이를 가릴 수 있는 길이의 튜닉으로 팬츠와 함께 입으면 경쾌한 차림이 됩니다.

I page. 23

H² → how to make / page. 44

텐트 원피스

왼쪽 페이지 튜닉의 길이를 늘이고 반소매로 변형했습니다. 플레어 실루엣을 풍성하게 즐길 수 있어서 한 벌만 입어도 옷차림이 완성됩니다.
부드럽게 아래로 떨어지는, 너무 얇지 않은 옷감이 좋습니다.

길이는 키에 맞춰서 옷본을 늘이거나 줄여서 사용하면 됩니다. 모델이 착용한 작품은 옷본에 3cm를 더해 만들었습니다.

H³ → how to make / page. 45

텐트 원피스

H¹과 H²의 중간 길이로 이 한 벌만 입어도 좋고 팬츠나 레깅스와 겹쳐 입어도 균형 있게 어울리는 아이템입니다. 플레어가 많이 들어갔지만 부드럽게 아래로 떨어지는 소재를 사용했기 때문에 세로선이 예뻐 보이는 실루엣입니다.

M
page. 29

길이는 키에 맞춰서 옷본에 3cm 더해 만들었습니다.

P.29 팬츠를 받쳐 입었습니다.

I → how to make / page. 86

9부 와이드 팬츠

다리 선이 드러나지 않는 와이드 팬츠로 발목이 보이는 9부 길이입니다. 옷감을 달리하여 만들면 사계절 내내 유용한 아이템입니다.
바깥에 달아 준 주머니가 허리 주위를 날씬하게 보이는 효과를 줍니다.

H³
I

이 책에서는 다른 옷감으로 만든 흰색 팬츠도 여러 옷에 받쳐 입었습니다. 길이는 키에 맞춰서 옷본에 3cm 더해 만들었습니다.

J¹ → how to make / page. 68

접박기 하이넥 블라우스

고급스러운 느낌의 하이넥 블라우스입니다. 앞판 가운데와 소맷부리는 접박기를 하여 봉긋한 실루엣으로 만들었습니다. 부드럽게 떨어지고 살짝 달라붙는 느낌의 옷감으로 만드세요.

G
page. 19

옷깃 뒤쪽에는 납작 고무줄을 넣었습니다. 촘촘하게 잡힌 주름이 뒷모습의 포인트가 됩니다.

밑단 라인은 완만한 곡선이어서 밖으로 내어 입어도 예쁩니다.

J 1

K[1] → how to make / page. 77

롱조끼

셔츠+팬츠 위에 한 벌 더 입어서 몸의 선을 드러내고 싶지 않을 때 입기 좋은 '인기 아이템'입니다. 세로 라인을 더해서 날씬해 보이는 효과도 높여 줍니다.

B[1]
page. 8

M
page. 29

K² → how to make / page. 81

점퍼스커트 스타일 롱조끼

왼쪽 페이지의 조끼 앞판을 하나로 이어서 점퍼스커트로 변형했습니다. 깊이 판 브이자 트임, 일자 실루엣이 단정한 느낌을 주는 옷입니다.

B¹
page. 8

K¹
K²

주머니를 달아서 실용적입니다. 주머닛감이 몸판과 하나로 이어져 있는 옷본이라서 간단하게 만들 수 있습니다.

L¹ → how to make / page. 82

래글런 재킷

기본적인 형태로 다양한 코디가 가능한 인기 디자인입니다. 진동둘레가 여유 있어서 겹쳐 입기도 좋고, 옷깃이 없는 디자인이라 스톨을 둘러도 잘 어울립니다. 사진과 같은 옷감과 색을 고르면 격식 있는 자리에 입고 가도 좋아요.

A¹
page. 6

M
page. 29

M

→ how to make / page. 90

센터 절개 팬츠

바지 앞판의 가운데에 봉제선이 들어가서 다리가 길고 가늘게 보이고 힙 라인도 날씬하게 보이는 디자인입니다. 주머니도 본격적으로 만든 것처럼 보이지만 실은 아주 간단하게 만들었으니 어떤 방법인지 꼭 확인해 보세요.

L¹
M

왼쪽 페이지의 재킷과 함께 입으면 정장이 됩니다. 다른 색으로도 만들어서 이 책 안에서 다양한 코디를 선보인 아이템이랍니다.

L² → how to make / page. 82

래글런 재킷

P.28과 같은 옷본으로 만든 재킷입니다. 반짝이 실이 섞인 트위드 느낌의 옷감을 사용해서 화려한 자리에 잘 어울리는 옷으로 변형했습니다. 상황에 맞춰서 여러 벌 만들어 보세요.

M
page. 29

J² → how to make / page. 68

접박기 하이넥 블라우스

P.24 작품을 다른 옷감으로 만들었습니다. 살짝 비치는 느낌의 부드러운 옷감으로 만들면 접박기의 드레이프는 한층 섬세해지고 하이넥은 부드럽게 늘어진 모양이 됩니다.

M
page. 29

왼쪽 페이지의 재킷 아래에 받쳐 입었습니다.

L 3

→ how to make / page. 85

래글런 롱재킷

P.28 재킷의 길이를 늘여서 코트를 만들었습니다. 옷감은 울 혼방 니트를 사용했습니다. 봄에는 가벼운 옷감으로 스프링코트를 만들어도 좋아요.

M
page. 29

뒤판은 깔끔한 느낌입니다.

소맷부리를 접어서 7부 길이로 입어 보세요.

L3

기본 도구 & 있으면 편리한 도구

도구와 부자재는 쓰기 편리한 것으로 고르세요. 옷 만드는 과정이 순조롭고 즐거워지며 옷의 완성도도 한층 높아집니다.

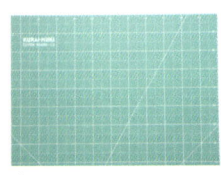

A 커팅 매트〈60cm×90cm〉
원형칼로 옷감을 마름질할 때 밑에 깐다. 옷감을 펼칠 수 있는 크기에 모눈 눈금이 인쇄된 제품이 편리하다.

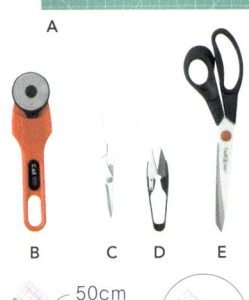

B 원형칼
옷감을 마름질할 때 사용한다. 날 끝과 옷감이 닿는 부분이 잘 보여서 정확하고 빠르게 자를 수 있다. 사용하지 않을 때는 날을 덮개 안에 수납할 수 있어 안전.

C 공예용 가위
옷감이나 종이에서부터 단단한 것까지 자를 수 있는 다용도 가위. 소재를 가리지 않고 사용할 수 있어서 옆에 두면 편리하다.

D 쪽가위
세밀하게 실을 자르는 작업에 사용한다.

E 재단 가위
날 끝까지 잘 드는 옷감 전용 가위. 작은 부분을 마름질하거나 가위집을 넣을 때도 사용한다.

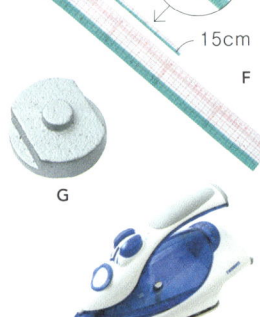

F 모눈자〈50cm, 15cm〉
눈금 0이 자 끝에서부터 시작되고 가로·세로로 평행선이 인쇄되어 있어서 길이를 재기 편하다. 긴 것과 짧은 것 둘 다 마련해 두면 작업이 순조롭다.

G 문진
패턴을 옮겨 그릴 때나 옷감을 마름질할 때 사용하는 누름돌.

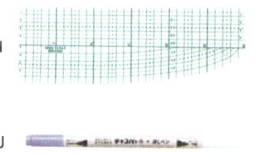

H 다리미
접착심지나 접착테이프를 붙이거나 시접을 접을 때는 물론이고 작업 중간에 꼼꼼하게 다려서 모양을 정리하여 박음질하는 것이 옷을 예쁘게 완성하는 비결.

I 다리미 시접자
구라이 무키 오리지널. 소맷부리나 밑단을 접을 때 시접 폭을 모눈에 맞춰서 끼우고 그대로 다릴 수 있다(스팀다리미도 가능). 곡선 부분은 곡선으로 된 주머니나 밑단에 사용하면 편리.

J 초크 펜+지우개
옷감에 표시할 때 쓰는 펜. 시간이 지나면 저절로 사라지고 물이나 지우개로도 지워지는 초크 펜이다.

K 파우더 초크
선과 선의 교차점을 표시할 때 사용한다. 손이 더러워지지 않고 가는 선을 그을 수 있다.

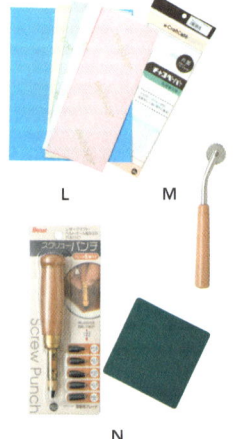

L 초크 페이퍼〈단면〉
옷감용 먹지. 옷감 2장 사이에 끼우고 접박기 선 등을 옮겨 그릴 때 사용한다. 옷감 색깔에 따라서 파란색, 노란색, 녹색, 흰색, 빨간색을 구분하여 사용한다. 물로 빨면 지워진다.

M 룰렛
초크 페이퍼로 옷감에 표시할 때 선 위를 굴리는 방식으로 사용한다. 끝이 뭉툭해서 옷감을 상하게 하지 않는 제품을 추천.

N 스크류 펀치, 펀치용 깔개
박음질 끝이나 주머니 다는 위치 등을 옷감에 점으로 표시할 때, 옷본에 구멍을 뚫을 때 사용한다. 가볍게 누르기만 하면 깔끔하게 둥근 구멍이 뚫린다. 옷감이나 가죽에도 사용 가능.

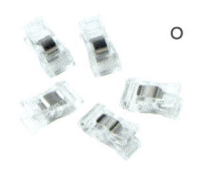

O 시침 클립
옷감을 2장 이상 겹친 가장자리를 클립으로 집어서 임시로 고정한다. 옷감에서 쉽게 뺄 수 있어서 시침핀보다 안전하고 간편해 오버록 재봉틀에 최적.

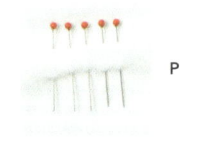

P 시침핀
시침 클립으로 고정할 수 없는 부분에 사용한다. 핀 머리가 유리로 된 제품은 다리미 열에도 강하다.

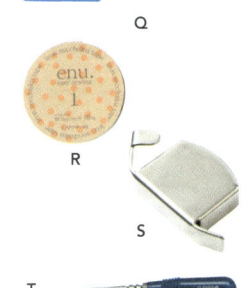

Q 패브릭 풀
시침핀이나 시침질을 하지 않아도 박아서 이을 부분을 간단하게 임시로 고정할 수 있다. 바늘이 지나가는 데 영향을 주지 않고, 풀을 바르면 파랗게 되지만 마르면 투명해진다.

R 옷감용 양면 접착테이프〈폭 5mm〉
이형지를 벗기고 서로 이을 옷감의 한쪽 면에 붙인 뒤에 다리미 열로 접착한다. 주머니나 밑단 시접 등을 임시로 고정할 때 활용.

S 재봉 자석
자석으로 되어 있어서 재봉틀 침판에 붙이면 옷감 가장자리에서 바늘까지의 거리를 일정하게 유지하며 박을 수 있게 해 주는 도구. 자력이 강해서 잘 떨어지지 않는다.

T 송곳〈볼 포인트〉
재봉틀로 박음질할 때 옷감이 어긋나지 않도록 누르거나 오버록 바늘땀을 풀 때 사용한다. 끝이 둥글게 되어 있어서 옷감이 상하지 않는다.

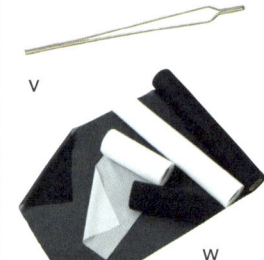

U 돗바늘
바늘귀가 크고 끝이 뭉툭한 바늘. 오버록 재봉틀의 실 끝을 처리할 때 사용한다.

V 고무줄 끼우개
폭이 넓은 납작 고무줄이나 둥근 끈에도 사용할 수 있는 고무줄 끼우개. 가는 구멍도 쉽게 통과시킬 수 있다.

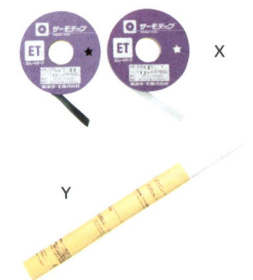

W 만능 접착심지〈폭 15cm 흰색, 폭 15cm 검은색, 폭 35cm 흰색, 폭 35cm 검은색〉
안단, 옷깃, 커프스 등 빳빳하게 하고 싶은 부분의 뒷면에 다려서 붙인다(가로세로 어느 방향으로 사용해도 OK). 얇고 부드러워서 겉감의 촉감을 해치지 않고 물빨래와 드라이클리닝 모두 가능하다. 롤 상태로 되어 있어서 자리를 차지하지 않는다.

X 늘어남 방지 테이프
〈폭 12mm 검은색, 폭 12mm 흰색〉
니트 옷감이 늘어나는 것을 막기 위해 주머니 입구나 어깨선 시접 뒷면에 다려서 붙인다. 얇아서 겉으로 드러나지 않는다. 옷감 색깔에 맞춰서 눈에 잘 띄지 않는 색깔을 고른다.

Y 다림종이
접착심지를 붙일 때 다림판에 깔거나, 위에 덮는 용으로 사용한다. 실리콘제라서 열에 녹은 풀이 다림판이나 다리미 열판에 붙는 것을 막아 준다.

Z 울리 스핀 테이프〈검은색, 흰색〉
어깨선이나 밑위 등에 늘어남 방지용으로 오버록하며 함께 박아 주는 테이프.

주요 바느질은 오버록 재봉틀

오버록 재봉틀을 쓰면 옷감 가장자리 오버록과 옷감 잇기를 동시에 할 수 있습니다. 빠르게 작업할 수 있고, 편물 같은 바늘땀이 신축성 있는 옷감을 따라 늘어나므로 튼튼하게 만들 수 있습니다. 이 책에서는 오버록만 할 때와 옷감 여러 장을 이을 때 모두 바늘 2개 실 4개로 작업합니다.

● 오버록 재봉틀

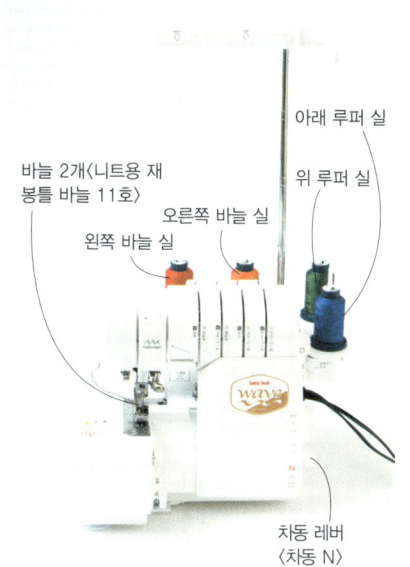

초보자부터 상급자까지 모두에게 추천하는 바늘 2개 실 4개짜리 오버록 재봉틀. 루퍼 실 꿰기는 제트 에어 스루 시스템으로 순식간에 완료되고, 자동 장력 조절이 되므로 매번 조절하는 번거로움도 없다. 구라이 무키 사양은 조작 방법을 알아보기 쉽도록 가이드 스티커가 붙어 있다. (baby lock 제품)

P.41~95 만드는 법 페이지 안에서 따로 지시가 없을 때는 아래 적힌 설정대로 맞춘다. 박음질하기 전에 옷을 만들 옷감에 반드시 시험박기를 하여 바늘땀을 확인할 것.

기본 설정

- 오버록 폭 다이얼 〈오버록 폭 M〉 → 봉제 시접 0.7cm에 해당
- 칼날 고정 손잡이 〈칼날 고정〉
- 땀수 다이얼 〈일반 오버록 2.5〉

바늘땀 예

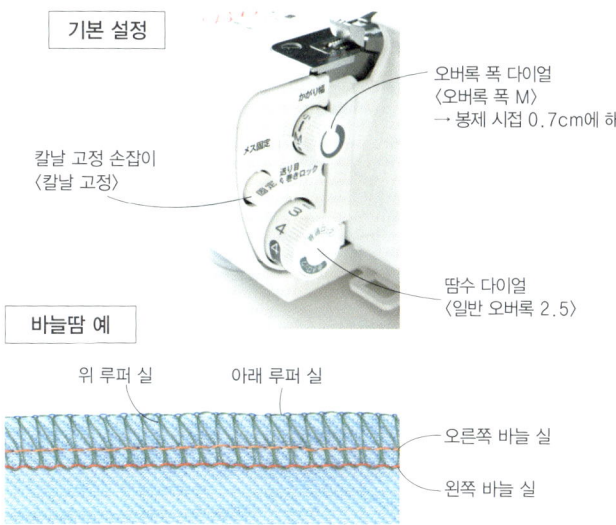

위 루퍼 실 / 아래 루퍼 실 / 오른쪽 바늘 실 / 왼쪽 바늘 실

● 추천하는 실

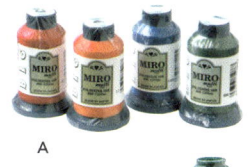

A 미로 멀티 #80
오버록 재봉틀에도 일반 재봉틀에도 사용할 수 있는 만능 실. 150가지 색이 있고 모든 옷감에 잘 맞는다. 부드럽고 광택이 있어서 완성된 바늘땀이 예쁘다. 폴리에스테르 100%.

B 미로 울리
신축성 있는 울사. 폴리에스테르 100%라서 나일론 실보다 열이나 세탁에 강하다. 인터록할 때 사용하는 이외에도 직선박기의 밑실로 사용하는 것도 추천한다. 미로 멀티 #80과 마찬가지로 150가지 색이 있다.

직선박기는 가정용 재봉틀

스티치하여 안단을 누르거나 주머니를 달 때 사용합니다. 오버록 재봉틀로 옷감 가장자리를 오버록한 뒤에 직선박기를 하는 과정도 있습니다.

● 가정용 컴퓨터 재봉틀

소잉스쿨에서 추천하는 재봉틀. 직선박기뿐만 아니라 구라이 무키가 고른 스티치 86종류가 있다. 가정용 재봉틀 중 최고 수준의 파워. 버튼홀 스티치를 깔끔하게 할 수 있는 점도 뛰어나다. (JUKI 제품)

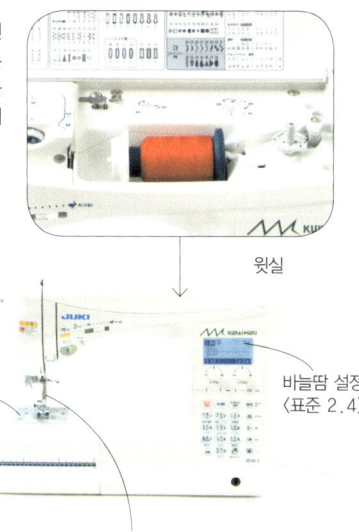

- 윗실
- 밑실〈울사를 북에 감는다〉
- 바늘땀 설정〈표준 2.4〉
- 바늘〈니트용 재봉틀 바늘 11호〉

〈 밑실 감는 법 〉

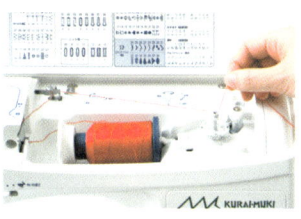
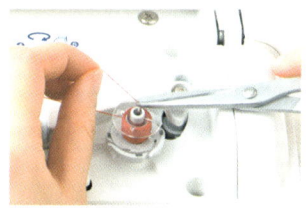

① 실패에서부터 밑실 안내대에 건 실을 북의 작은 구멍에 안쪽에서 끼우고, 북을 밑실 감기 장치에 꽂는다.

② 북의 구멍에서 나온 실이 엉키지 않도록 끝을 쥐고 조금 감은 뒤에 일단 멈추고 ①의 실 끝을 짧게 자른다.

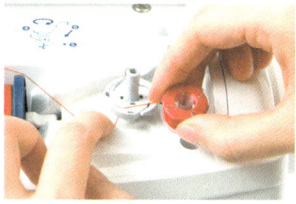

③ 실이 한쪽으로 치우쳐서 감기지 않도록 손으로 위아래로 살짝 조정하며 고르게 감는다.

④ 실이 다 감겨서 회전이 멈추면 북을 밑실 감기 장치에서 빼고 실을 자른다. 여기에서는 밑실 감기 장치의 바닥에 붙어 있는 칼날을 이용.

- 밑실
- 윗실

● 재봉틀 바늘은 니트용을 쓴다

니트용 재봉틀 바늘 #11
니트 옷감을 박을 때는 오버록 재봉틀도 일반 재봉틀도 니트용 바늘을 사용한다. 바늘 끝이 뭉툭해서 땀이 튀거나 옷감의 실이 끊어질 염려가 없다. 보통 두께 옷감에는 11호, 두꺼운 옷감에는 14호가 적합하다.

구라이 무키식 소잉 기본 규칙

[사이즈]

아래 표를 기준으로 하고 평소에 입는 옷도 참조하여 사이즈를 고릅니다.

참고 신체 치수 표 (cm)

	S	M	L	LL
가슴둘레	80	86	92	98
허리둘레	64	70	76	82
엉덩이둘레	86	92	98	104
키	158(공통)			

[완성 치수]

전체 길이 = 목점에서 뒤쪽 밑단까지의 길이, 화장 길이 = 뒤쪽 목둘레선 중심에서 어깨를 통과하여 소맷부리까지의 길이, 어깨너비 = 어깨 끝점에서 다른 쪽 어깨 끝점까지의 직선 길이, 소매 길이 = 어깨 끝점에서 소맷부리까지의 길이, 바지 길이 = 총 옆길이(허릿단 위쪽 끝에서 밑단까지)의 길이를 표기했습니다.
길이는 각자의 키에 맞춰 옷본 밑단선에서 평행으로 늘이거나 줄여 줍니다.

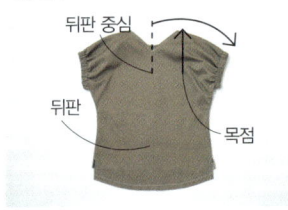

[실물 크기 옷본]

이 책의 옷본에는 시접이 포함되어 있습니다. 바깥쪽의 굵은 선을 옮겨 그려서 시접 있는 옷본을 만듭니다. 안쪽의 가는 선은 S사이즈의 완성선입니다. M/L/LL사이즈의 완성선은 선이 겹쳐져서 보기 어려우므로 생략했습니다. S사이즈의 시접 폭과 원 안의 숫자를 참고하세요.

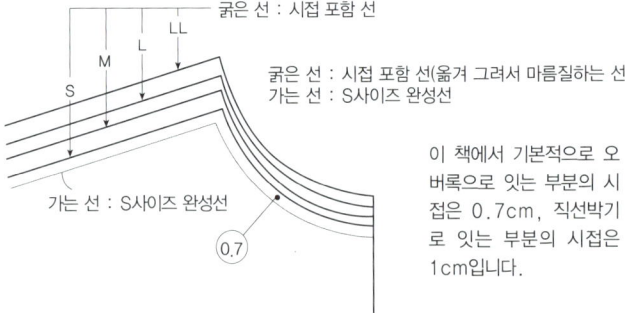

이 책에서 기본적으로 오버록으로 잇는 부분의 시접은 0.7cm, 직선박기로 잇는 부분의 시접은 1cm입니다.

맞춤 표시나 접박기 위치, 식서 방향선 등 옷본 안에 있는 기호도 모두 옮겨 그리고, 옷 이름, 부분명, 사이즈 등도 적어 둡니다.

옷본 기호

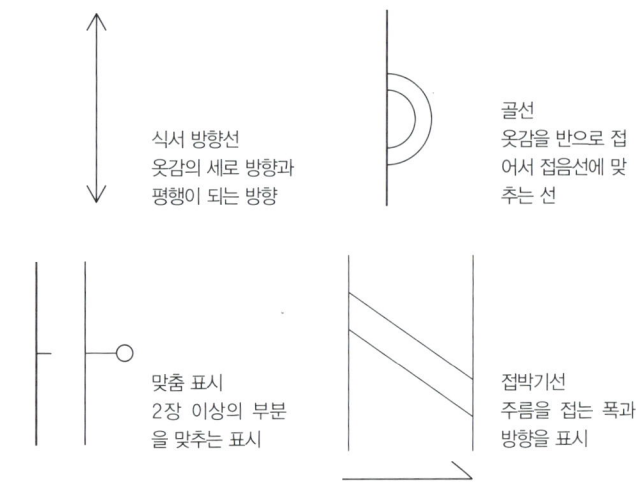

[마름질]

이 책의 옷본은 모두 니트 옷감용입니다. 직물 옷감은 추천하지 않습니다.

각 만드는 법 페이지에 실린 마름질하는 법 그림은 M사이즈를 배치한 예입니다.
옷감 폭은 작품에 사용한 옷감의 치수입니다.

니트 옷감은 옷본을 한 방향으로 놓고 마름질합니다. 씨실과 날실이 수직으로 교차하는 직물과 달리 니트는 고리 모양의 땀이 연결되어 있어서 위아래 방향이 있기 때문입니다. 몸판, 소매, 바지 등 앞뒤나 좌우 부분에서 방향을 반전하면 촉감이 달라지는 경우가 있으므로 같은 방향으로 배치합니다.

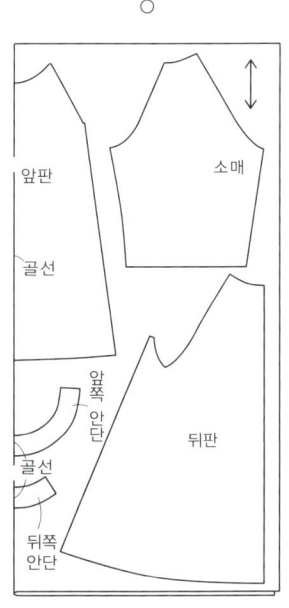
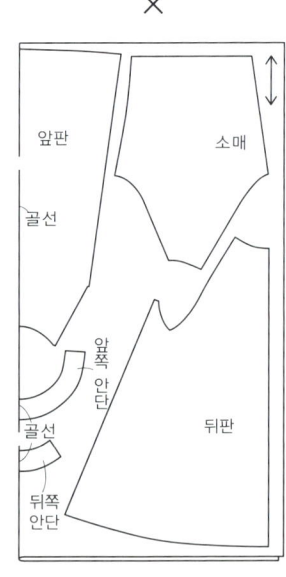

마름질하기

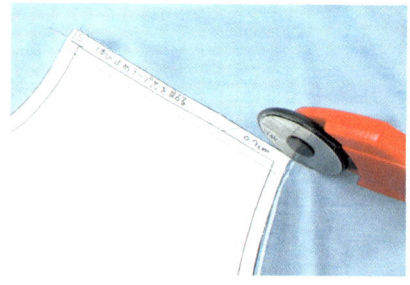

커팅 매트 위에 옷감과 옷본을 겹쳐 놓고 문진으로 누른 뒤에 옷본 가장자리를 따라서 원형칼로 자른다. 옷감을 띄우지 않고 평평한 상태에서 자를 수 있어서 덜 어긋나고 직선도 곡선도 깔끔하게 마름질할 수 있다.

표시하기

[가위집]

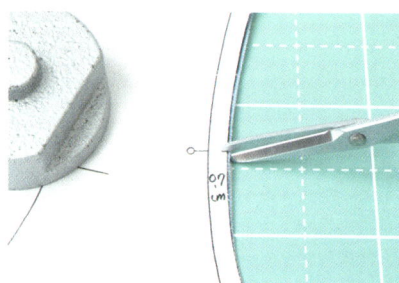

맞춤 표시나 앞·뒤판 중심에 작은 가위집을 내어 표시한다. 옷을 완성하면 보이지 않는 시접에 가위 끝으로 가위집을 2~3mm 낸다.

[지워지는 초크 펜]

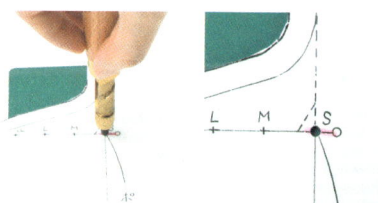

주머니 입구나 접박기의 박음질 끝 등 가위집을 넣을 수 없는 부분에 사용하는 방법. 사진처럼 옷본에 스크루 펀치로 구멍을 뚫은 뒤에 초크 펜으로 표시한다.

물로 간단하게 지워지므로 개더 끝이나 허리선의 맞춤 표시를 표시하기에도 편리하다.

[초크 페이퍼]

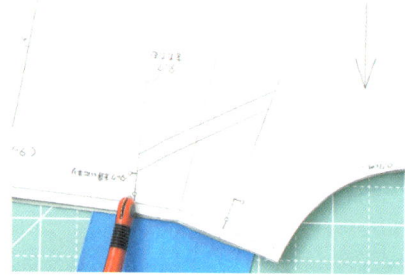

박는 거리가 짧은 부분은 초크 페이퍼를 옷감 2장 사이에 끼우고, 박음질 선과 박음질 끝을 룰렛으로 굴려서 표시하는 방법도 있다.

다림질

[시접 접기]

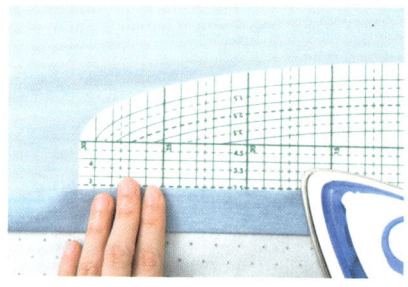

소맷부리나 밑단 시접은 박음질을 시작하기 전에 한꺼번에 완성선대로 접는다. 옷감이 입체가 된 뒤보다 평평한 상태일 때 해 두는 것이 훨씬 편하다. 다리미 시접자를 사용하면 직선이나 곡선 모두 깨끗하게 접을 수 있다.

[접착심지 , 접착테이프 붙이기]

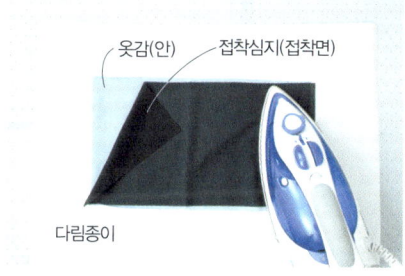

접착심지
접착심지를 붙이는 부분의 옷감은 주위에 여분을 두어 마름질한다. 다림판에 다림종이를 깔고 옷감과 접착심지를 겹친 뒤, 중온으로 설정한 다리미(스팀 아님)로 다려서 붙인다. 다리미는 옆으로 밀지 않고 '위에서 누른 뒤 들어 올리는' 과정을 되풀이하며 조금씩 옮겨 간다.

붙인 접착심지가 식으면 그 위에 옷본을 올리고 로터리 커터로 옷본을 따라 자른다.

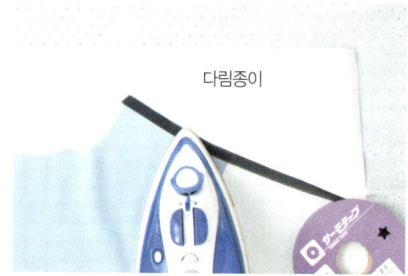

접착테이프
다림판에 다림종이를 깔고 접착테이프를 붙일 부분과 접착테이프를 겹친다. 중온으로 설정한 다리미(스팀 아님)로 다려서 붙이고, 식으면 남는 부분을 자른다.

이을 부분을 임시로 고정하기

[시침 클립]

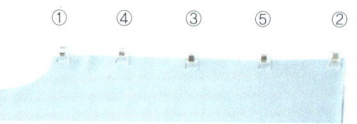

이을 부분을 임시로 고정할 때는 단단히 고정할 수 있는 시침 클립이 편하다. 시침핀을 꽂기 힘든 부분에도 사용 가능하고 시침핀을 꽂으면 옷감이 우글쭈글해지는 것이나 핀을 빼는 것을 잊어버릴 염려도 없다. 옷감을 평평하게 놓고 고정하도록 하고 긴 부분을 고정할 때는 사진의 ①~⑤ 순으로 하는 것이 가장 좋다.

[풀]

펜 타입의 패브릭 풀은 포인트를 고정하고 싶을 때나 시침 클립으로 고정할 수 없는 부분에 편리하다.

[양면 접착테이프]

곡선이나 긴 가장자리를 박을 때는 옷감용 양면 접착테이프를 붙이면 안정된 상태로 박을 수 있다.

기본 봉제법

실 고리
바늘 위치 가이드라인

1 노루발을 내리고 재봉틀 콘트롤러를 밟아서 실 고리를 약 10cm 만들어 둔다.

바늘 위치 가이드라인

2 바늘이 위에 있는지를 확인한 뒤 노루발 앞쪽을 손가락으로 들어 올리고 옷감을 끼운다. 박음질을 시작할 옷감 가장자리를 바늘 위치 가이드라인에 맞춘다.

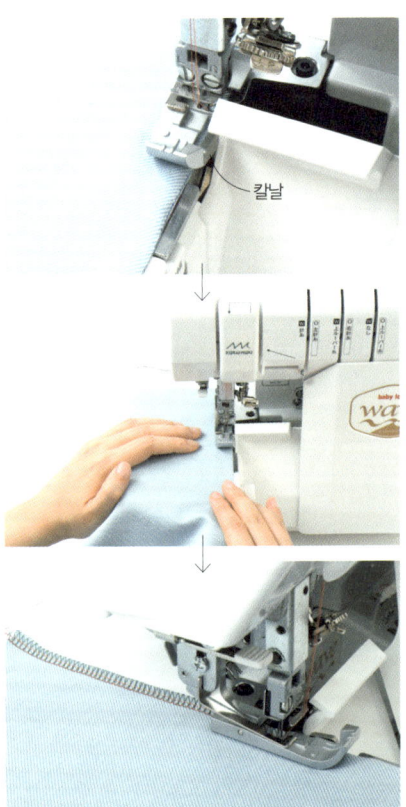

칼날

3 오른쪽 옷감 가장자리를 칼날을 따라 대고 옷감이 평평해지도록 손을 대고 박는다. 왼손은 노루발 옆, 오른손은 앞쪽 옷감을 살짝 누르고 칼날의 연장선을 보며 쭉 박는다.

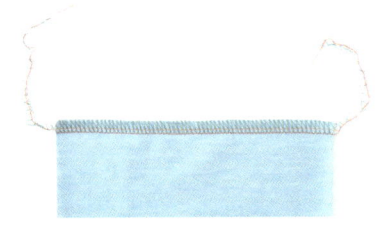

4 박음질이 끝나도 콘트롤러를 계속 밟아서 실 고리를 약 20cm 만들고, 10cm 정도 지점에서 자른다(다음 번 박음질을 시작할 때를 위해서 실 고리를 약 10cm 남긴다).

(○) 오버록이 잘 된 상태

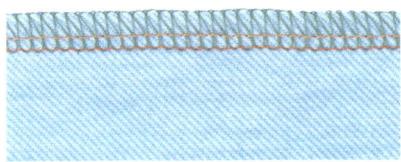

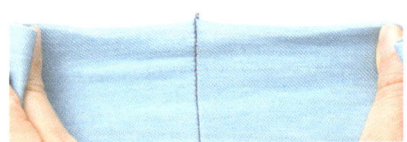

바늘 2개 실 4개의 균형이 잘 잡힌 바늘땀. 박아서 이은 솔기를 겉에서 양쪽으로 당겨서 바늘 실이 보이지 않으면 OK.

(×) 옷감이 늘어난 상태

(×) 옷감이 줄어든 상태

실 끝 처리

[묶기]

가장자리까지 박는 제작 도중에는 이 방법으로 처리한다.

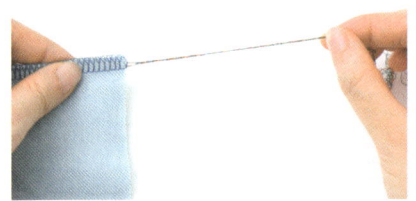

1 실 고리를 훑어서 가늘게 만든다.

2 고리를 만들어서 통과시키고 옷감에 바짝 붙여서 묶는다.

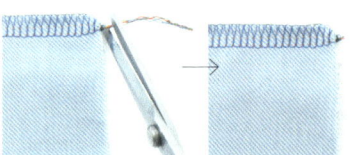

3 남는 실을 자른다.

[시접에 넣기]

가장자리를 박지 않고 끝내는 부분에 사용하는 방법.

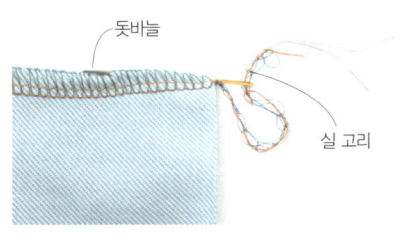

돗바늘
실 고리

1 돗바늘을 준비하여 바늘귀에 실 고리를 꿰서 바늘땀 속으로 2~3cm 통과시킨다.

2 1을 빼내고, 남는 실을 자른다.

잘못 박은 실 푸는 법

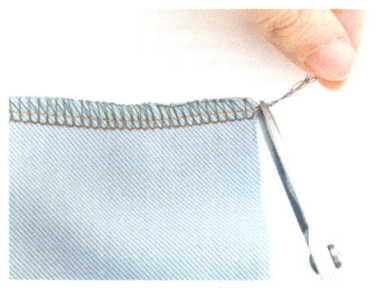

1 박음질 시작과 박음질 끝의 실 고리를 옷감에 바짝 붙여서 자른다.

2 풀고 싶은 범위의 양 끝에서 겉쪽의 바늘 실 2가 닥만 자른다.

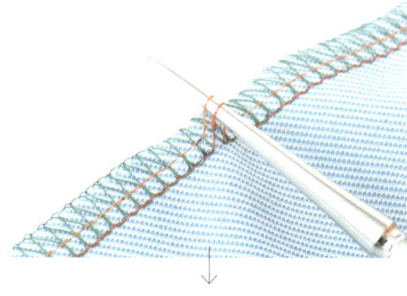

3 자른 두 군데의 가운데에서 바늘 실 2가닥을 송곳으로 들어서 동시에 당긴다.

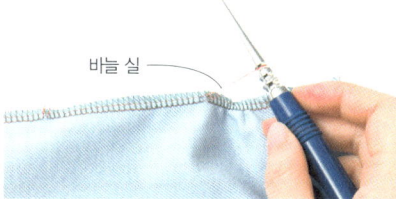

4 바늘 실을 뺀 부분의 위아래 루퍼 실이 가닥가닥 풀리므로 제거한다.

곡선 박는 법

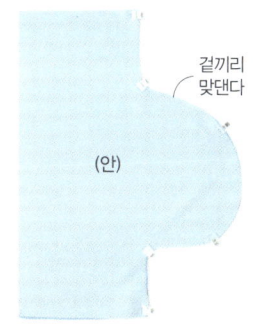

1 안쪽 곡선과 바깥 곡선이 있는 주머니의 주머닛감을 예로 들어 설명한다. 박아서 이을 2장을 시침 클립으로 고정한다.

2 안쪽 곡선을 박는다. 오버록 재봉틀에 옷감을 놓고 직선 부분에서부터 박기 시작한다. 곡선 부분의 클립은 박기 직전에 뺀다.

3 노루발 앞쪽의 옷감 가장자리가 직선이 되도록 옷감을 왼쪽으로 움직여서 조금씩 박는다.

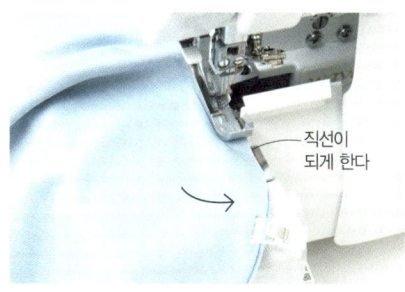

4 바깥 곡선을 박기 위해 차동을 1.3으로 맞춘다. 앞쪽의 옷감 가장자리가 바늘이 내려오는 위치에 서부터 칼날까지 직선이 되도록 옷감을 오른쪽으로 움직인다. 안쪽 곡선과 마찬가지로 곡선 부분의 클립은 박기 직전에 뺀다.

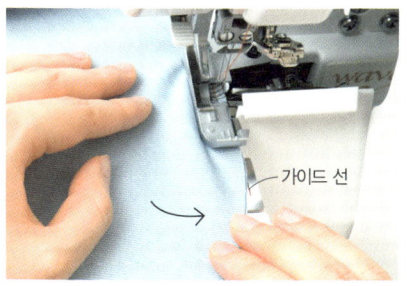

5 옷감 가장자리가 가이드 선에 맞도록 대면서 조금씩 박는다.

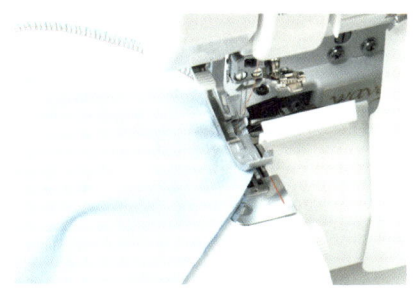

옷감이 왼쪽으로 어긋나면, 바늘은 내린 상태로 노루발 앞쪽을 손가락으로 눌러 올리고 옷감을 오른쪽으로 다시 끼운다.

박음질 완성

원통 부분의 박음질 시작과 박음질 끝

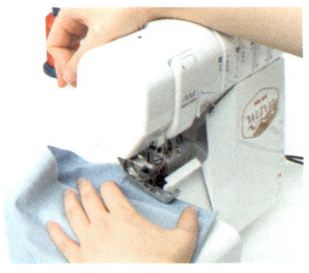

1 노루발과 바늘을 올리고, 옷감을 칼날의 왼쪽 옆을 따라서 똑바로 놓는다. 노루발을 내리고 박기 시작한다.

2 한 바퀴 돌아가며 박고, 박음질 시작 부분이 보이면 실 고리를 옷감에 바짝 붙여서 자른다.

3 계속해서 박음질 시작 부분에 2~3cm 겹쳐서 박는다.

4 바늘과 노루발을 올리고, 앞쪽의 옷감을 왼쪽으로 90도 젖힌다. 노루발을 내리고 계속 박아서 실 고리를 약 10cm 남기고 실을 자른다.

(○) 　　(×)

원통 부분 잇기

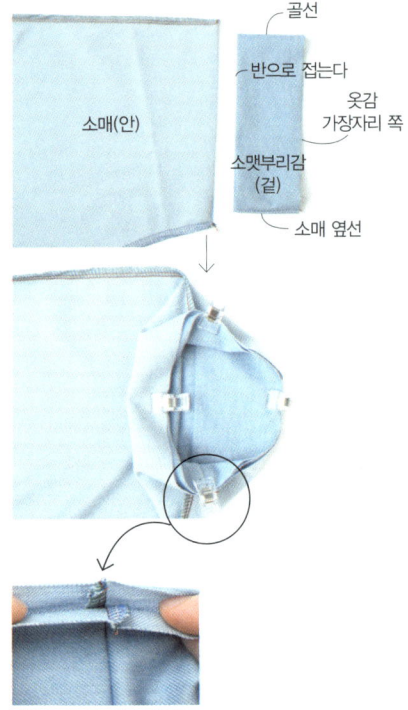

1 소매 옆선을 박아서 원통 모양이 된 소맷부리감을 안끼리 맞닿게 반으로 접는다. 이것을 소맷부리 안에 겉끼리 맞닿게 넣고 옷감 가장자리 쪽을 시침 클립으로 고정한다. 소매 옆선 시접은 두께를 줄이기 위해 서로 엇갈리게 넘긴다.

2 노루발과 바늘을 올리고, 1의 소맷부리감을 위로 오게 하여 오버록 재봉틀에 놓는다. 치수가 조금 긴 소매(아래쪽 옷감)가 늘어진 것이 평평해질 때까지 소맷부리감(위쪽 옷감)을 살짝 당겨서 늘이면서 박는다.

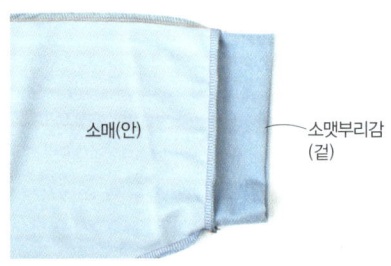

3 다 박으면 실 끝을 처리하고, 소맷부리감을 끌어내서 겉에서 다려서 모양을 정리한다.

소맷부리나 밑단 처리의 변형

[오버록 + 직선박기]

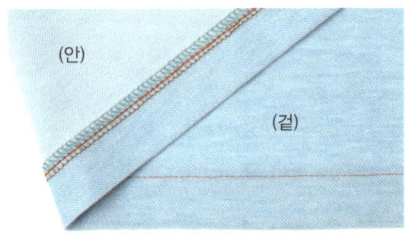

옷감 가장자리를 오버록하고, 시접을 완성선에서 접어서 겉쪽에서 직선박기한다.

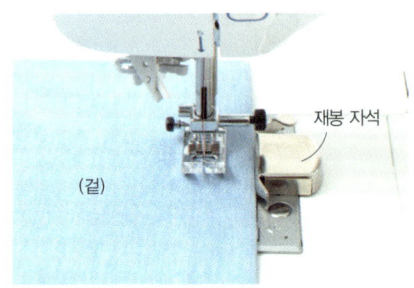

시접을 옷감용 양면 접착테이프로 붙이면 옷감이 어긋나지 않는다. 재봉 자석을 사용하여 박으면 접음선에서부터의 폭도 고르게 마무리할 수 있다.

(×)

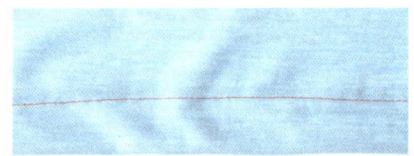

[커버스티치]

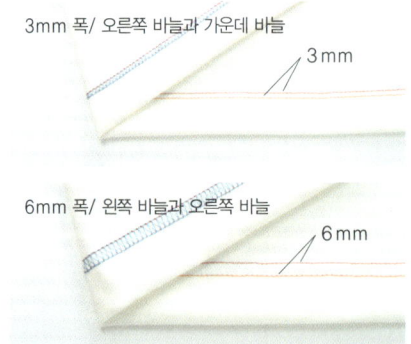

커버스티치 기능이 있는 재봉틀이 있으면 시간을 더 단축할 수 있다. 겉에는 직선박기, 안에는 오버록 바늘땀이 생기는 커버스티치는 접은 시접을 오버록하면서 한 번에 박을 수 있다. 최대 바늘 3개를 3mm 간격으로 나란히 끼울 수 있고, 사용하는 바늘의 위치로 스티치 폭 변경 가능.

H[1] 텐트 튜닉

→ photo / page. 20

[실물 크기 옷본 5면]

[완성 치수(cm)]

	S	M	L	LL
전체 길이	72	73	74	75
가슴둘레	94	100	106	112
화장 길이	58	59	60	61
소맷부리	28.5	30.5	32.5	34.5

[재료]

사용 옷감: 고밀도 저지 140cm 폭

옷감 필요량	S	M	L	LL
110cm 폭	210	210	210	210
130cm 폭	150	160	170	170
150cm 폭	140	140	150	160

부자재 *S·M·L·LL 공통	필요량·수량
접착심지(35cm 폭)	40cm
늘어남 방지 접착테이프(12mm 폭)	70cm

[옷감을 마름질하는 법] * ▨는 뒷면에 접착심지, 늘어남 방지 접착테이프를 붙인다.

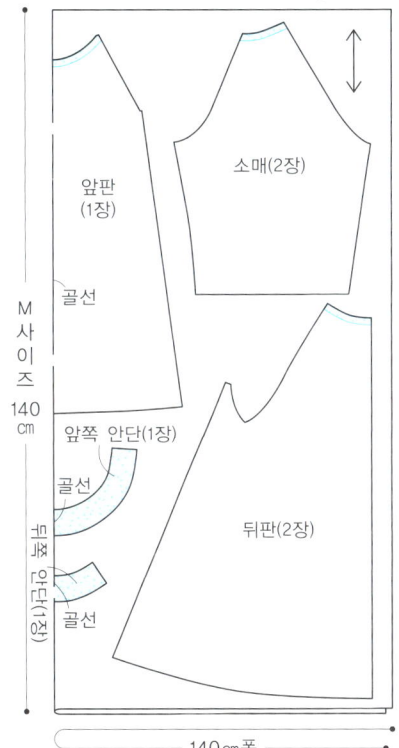

1 옷감을 마름질하여 표시한다.

옷본을 만들어서 사진처럼 옷감을 마름질하고 필요한 표시를 한다. >page. 37 참조

2 접착심지, 접착테이프를 붙인다.

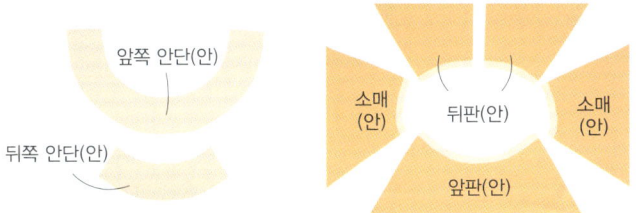

앞·뒤쪽 안단의 안쪽에 접착심지, 앞·뒤판과 소매의 목둘레선 안쪽에 늘어남 방지 접착테이프를 붙인다. >page. 37 참조

3 소맷부리, 밑단을 완성선에서 접는다.

소맷부리와 밑단 시접을 다려서 2cm 접는다. >page. 37 참조

4 안단 어깨선을 박는다.

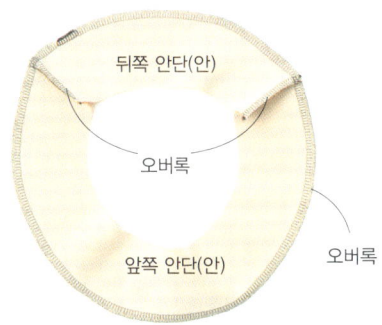

앞·뒤쪽 안단을 겉끼리 맞대어 어깨선을 시침 클립으로 고정하고 오버록 한다. 겉으로 뒤집어서 시접을 앞쪽으로 넘기고 바깥 둘레의 가장자리를 오버록한다.

5 뒤판 중심선을 박는다.

뒤판 2장을 겉끼리 맞대고 뒤판 중심선을 시침 클립으로 고정하여 오버록한다. 시접은 왼쪽으로 넘긴다.

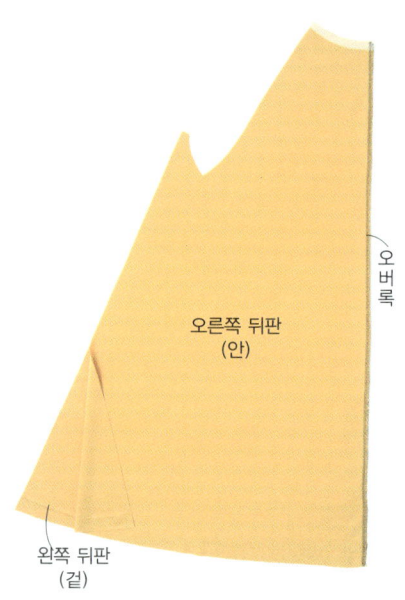

6 몸판 옆선을 박는다.

앞·뒤판을 겉끼리 맞대고 옆선을 시침 클립으로 고정하여 오버록한다. 시접은 뒤쪽으로 넘긴다.

7 소매 옆선을 박는다.

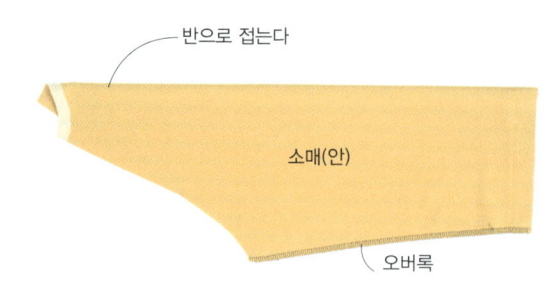

소매를 겉끼리 맞닿게 반으로 접어서 소매 옆선을 시침 클립으로 고정하고 오버록한다. 시접은 뒤쪽으로 넘긴다.

8 소매를 단다.

① 소매를 겉으로 뒤집어서 몸판과 겉끼리 맞댄다.

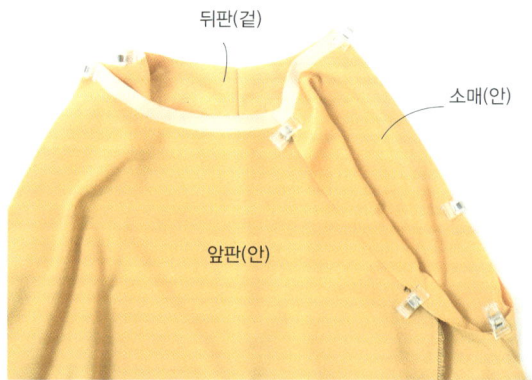

② 소매 다는 선을 시침 클립으로 고정한다.

③ 소매 다는 선을 오버록하고 소매를 끌어낸다.

9 안단을 단다.

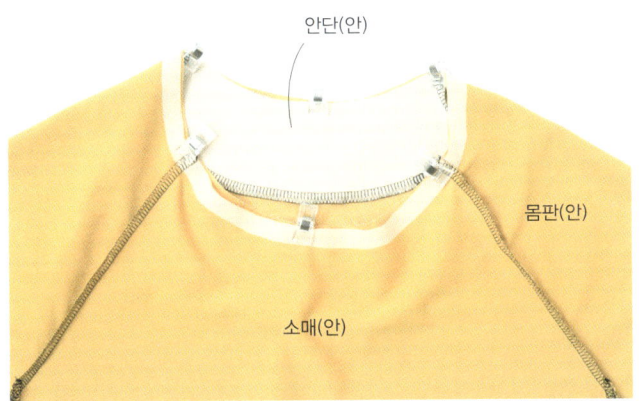

① 몸판과 안단을 겉끼리 맞대고 목둘레선을 시침 클립으로 고정한다. 몸판의 소매 다는 선 시접은 소매 쪽으로, 안단 어깨선 시접은 앞쪽으로 넘긴다.

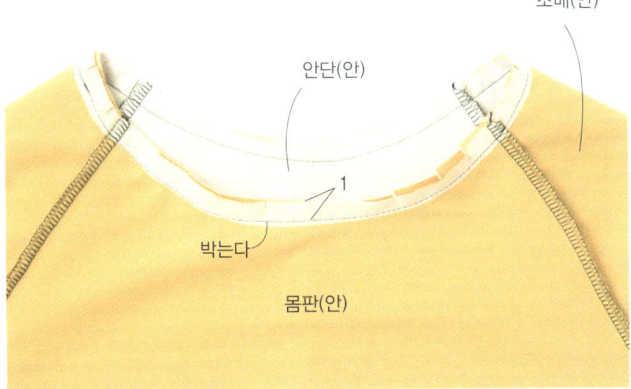

② 목둘레선을 직선박기한다. 곡선이 급한 부분의 시접에는 가위집을 넣고, 시접을 0.5cm로 고르게 자른다.

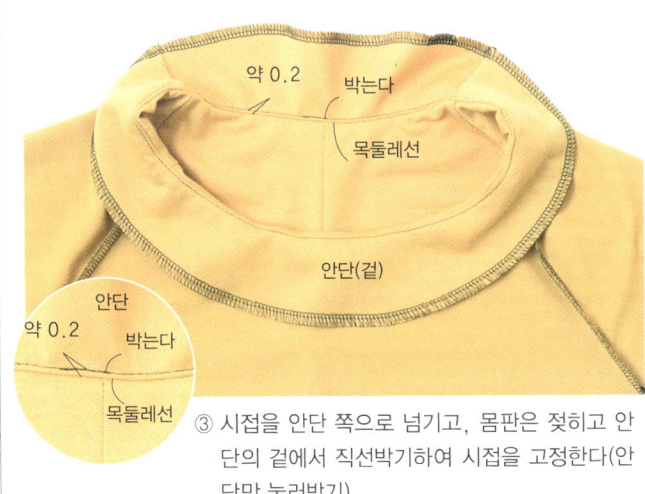

③ 시접을 안단 쪽으로 넘기고, 몸판은 젖히고 안단의 겉에서 직선박기하여 시접을 고정한다(안단만 눌러박기).

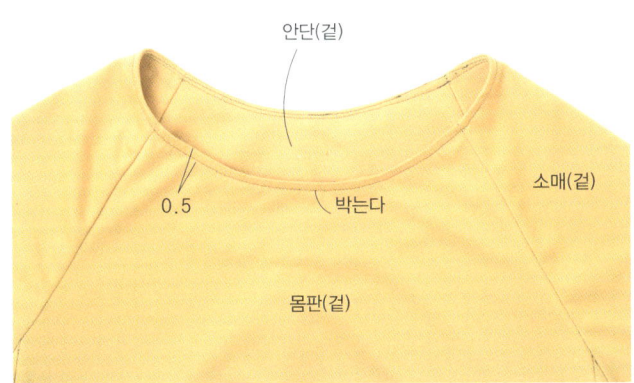

④ 안단을 몸판 안쪽으로 접어서 넘기고 다려서 모양을 정리한다. 목둘레선에 직선박기하여 안단을 누른다.

10 소맷부리, 밑단을 처리한다.

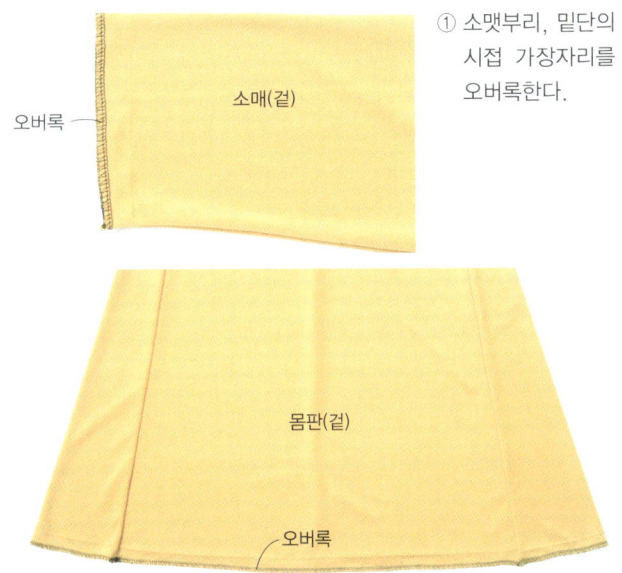

① 소맷부리, 밑단의 시접 가장자리를 오버록한다.

② 완성선에서 접어서 직선박기한다.

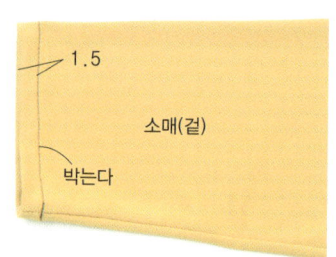

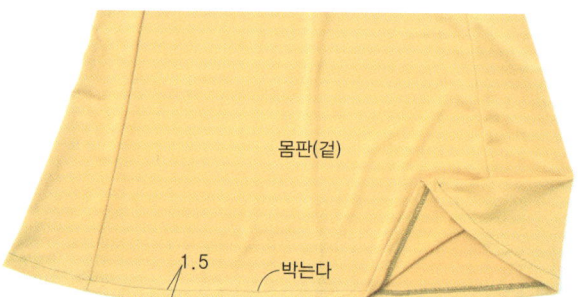

완성

H² 텐트 원피스

→ photo / page. 21

[실물 크기 옷본 5면]

[완성 치수(cm)]

	S	M	L	LL
전체 길이	112	113	114	115
가슴둘레	94	100	106	112
화장 길이	43.5	44.5	45.5	46.5
소맷부리	32	34	36	38

[재료]

사용 옷감: 스트레치 분또 145cm 폭

옷감 필요량	S	M	L	LL
110cm 폭	390	390	400	400
130cm 폭	260	260	270	270
150cm 폭	220	220	230	240

부자재 *S·M·L·LL 공통	필요량·수량
접착심지(35cm 폭)	40cm
늘어남 방지 접착테이프(12mm 폭)	70cm

[옷감을 마름질하는 법] * ▢ 는 뒷면에 접착심지, 늘어남 방지 접착테이프를 붙인다.

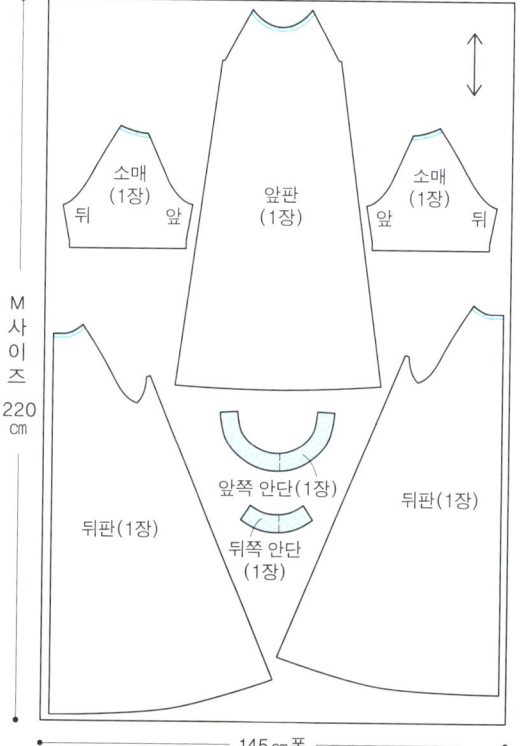

만드는 법은 P.41 [H¹ 텐트 튜닉]의 1~10을 참조한다.

H³ 텐트 원피스

→ photo / page. 22

[실물 크기 옷본 5면]

[완성 치수(cm)]

	S	M	L	LL
전체 길이	102	103	104	105
가슴둘레	94	100	106	112
화상 길이	58	59	60	61
소맷부리	28.5	30.5	32.5	34.5

[재료]

사용 옷감: 3단 양면 155cm 폭

옷감 필요량	S	M	L	LL
110cm 폭	330	330	330	330
130cm 폭	210	210	230	230
150cm 폭	170	170	170	170

부자재 *S·M·L·LL 공통	필요량·수량
접착심지(35cm 폭)	40cm
늘어남 방지 접착테이프(12mm 폭)	70cm

[옷감을 마름질하는 법] * ▭ 는 뒷면에 접착심지, 늘어남 방지 접착테이프를 붙인다.

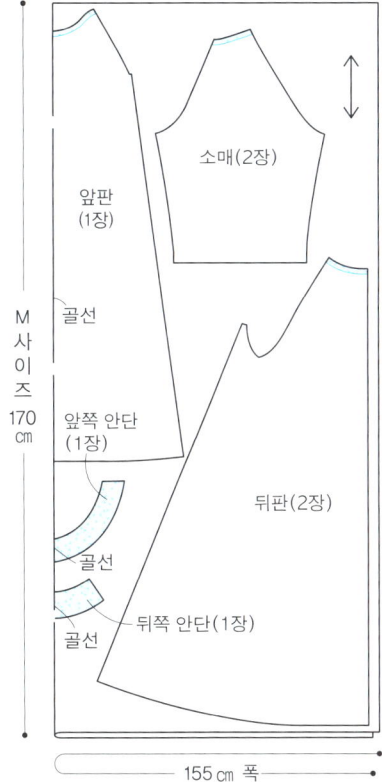

만드는 법은 P.41 [H¹ 텐트 튜닉]의 1~10을 참조한다.

A¹ A² 뒤판 접박기 블라우스

→ photo / page. 06, 07

[실물 크기 옷본 1면]

[완성 치수(cm)]

	S	M	L	LL
전체 길이	55	56	57	58
허릿둘레	84	90	96	102
소맷부리	31	32.5	34	35.5

[재료]

사용 옷감: A¹ 아쿠아 슈팅 조젯 145cm 폭
A² 고밀도 저지 140cm 폭

옷감 필요량	S	M	L	LL
130cm 폭	160	160	160	160
150cm 폭	140	140	140	140

부자재 *S·M·L·LL 공통	필요량·수량
접착심지(35cm 폭)	30cm

[옷감을 마름질하는 법] * ▭ 는 뒷면에 접착심지를 붙인다.

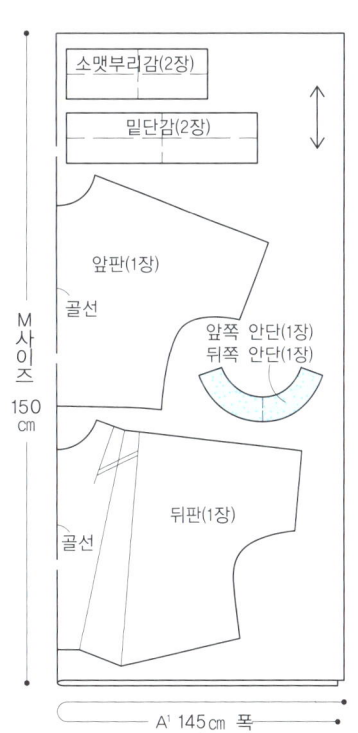

1 옷감을 마름질하여 표시한다.

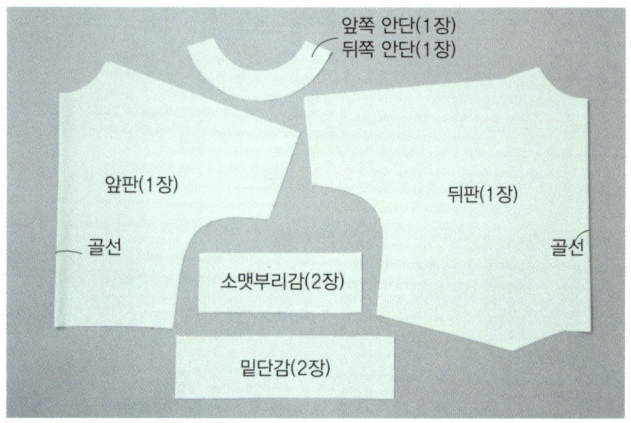

옷본을 만들어서 사진처럼 옷감을 마름질하고 필요한 표시를 한다.
>page. 37 참조

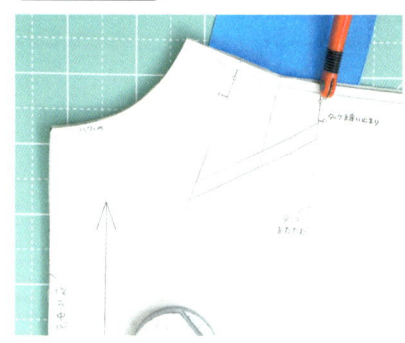

뒤판 어깨선의 접박기 위치는 시접에 가위집을 넣고 초크 페이퍼와 룰렛을 사용하여 박음질 끝까지 표시한다.

2 접착심지를 붙인다.

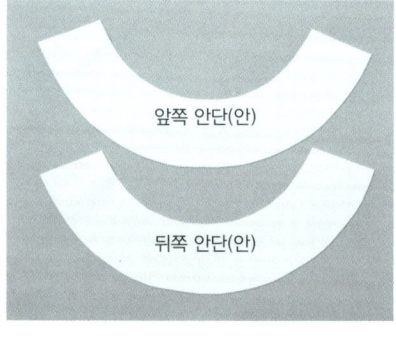

앞·뒤쪽 안단의 안쪽에 접착심지를 붙인다.
>page. 37 참조

3 소맷부리감, 밑단감을 완성선에서 접는다.

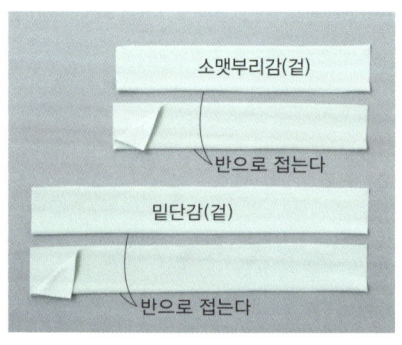

소맷부리감, 밑단감을 안끼리 맞닿게 반으로 접은 다음 다리미로 누른다.

4 뒤판 어깨선에 접박기를 한다.

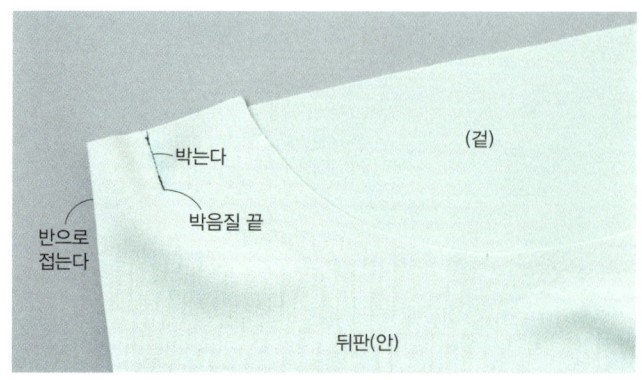

① 뒤판의 접박기 위치를 겉끼리 맞닿게 접어서 어깨선에서부터 박음질 끝까지 직선박기한다.

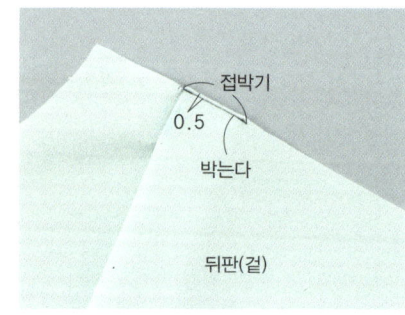

② 뒤판을 벌려서 주름을 옆선 쪽으로 넘기고, 주름의 옷감 가장자리 바로 옆을 직선박기하여 임시로 고정한다.

5 밑단의 접박기 주름을 접는다.

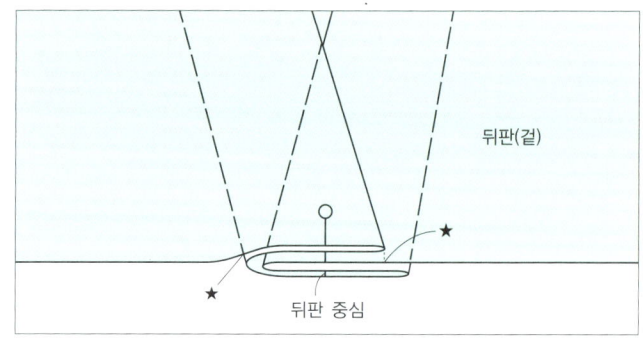

① 뒤판 밑단의 접박기 주름을 접고 시침 클립으로 고정한다.

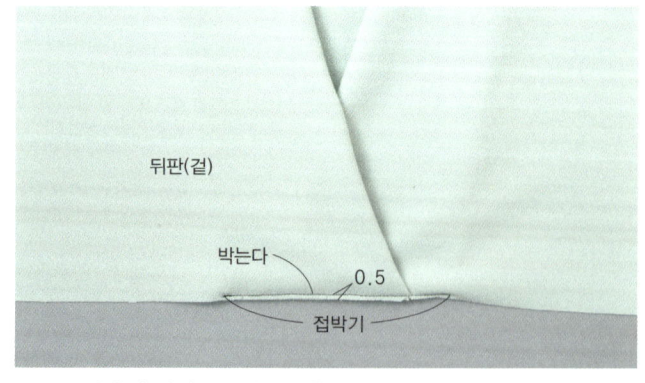

② 주름의 옷감 가장자리 바로 옆을 직선박기하여 임시로 고정한다.

6 몸판, 안단의 어깨선을 각각 박는다.

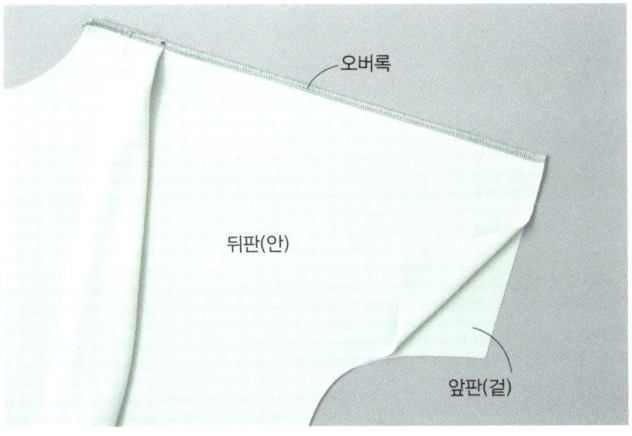

① 앞·뒤판 어깨선을 겉끼리 마주대어 오버록한 뒤 시접은 뒤쪽으로 넘긴다.

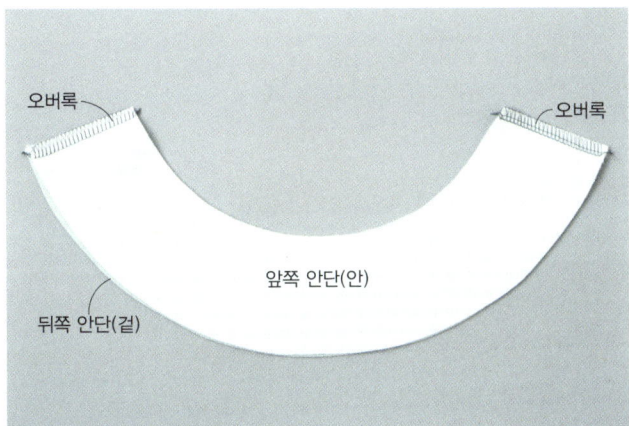

② 앞·뒤쪽 안단 어깨선을 겉끼리 맞대고 오버록한다.

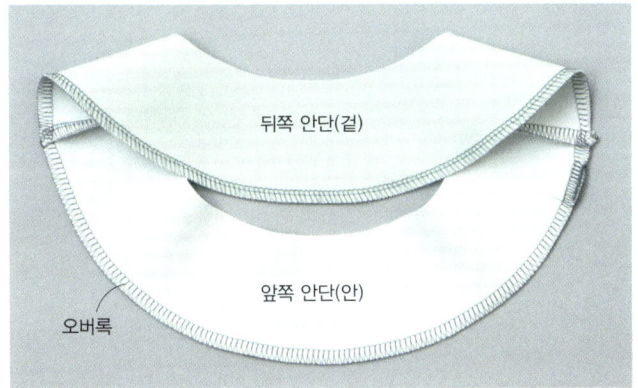

③ ②를 겉으로 뒤집어서 시접을 앞쪽으로 넘기고 바깥 둘레 가장자리를 오버록한다.

7 목둘레선을 박는다.

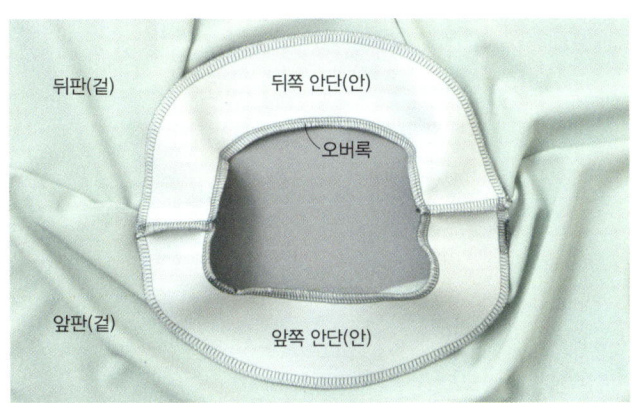

① 몸판과 안단의 목둘레선을 겉끼리 맞대고 오버록한다. 먼저 시침 클립으로 고정하고, 어깨선 시접은 서로 엇갈리게 넘겨 두고 박는다.

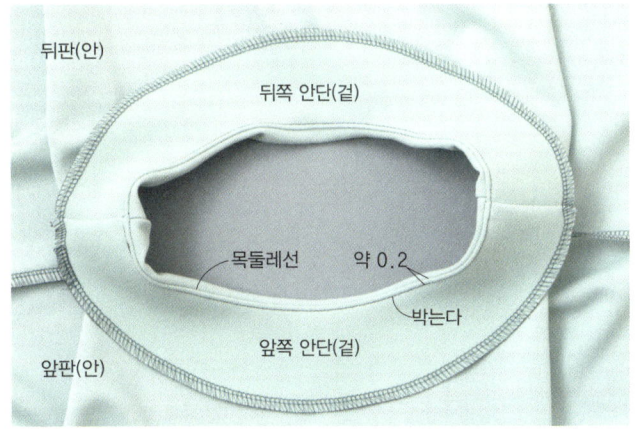

② 시접을 안단 쪽으로 넘기고, 몸판을 젖혀서 안단의 목둘레선 바로 옆을 겉에서 직선박기하여 시접을 고정한다(안단만 눌러박기).

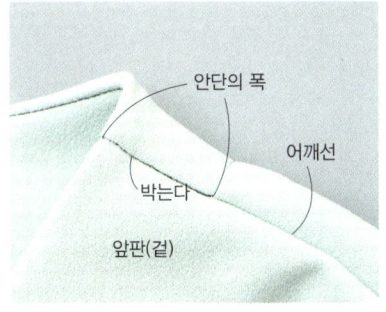

③ 안단을 몸판 안쪽으로 접어서 넘기고 모양을 정리한다. 어깨선을 직선박기하여(숨겨박기) 안단을 고정한다.

8 소매 옆선~몸판 옆선을 박는다.

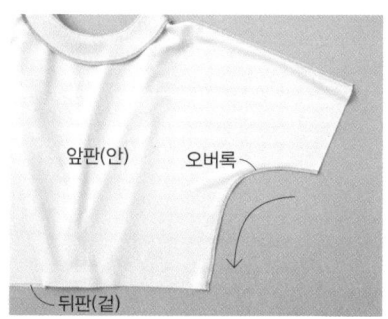

앞·뒤판의 소매 옆선~몸판 옆선을 겉끼리 맞대고 계속하여 오버록한다.

9 소맷부리감, 밑단감을 만든다.

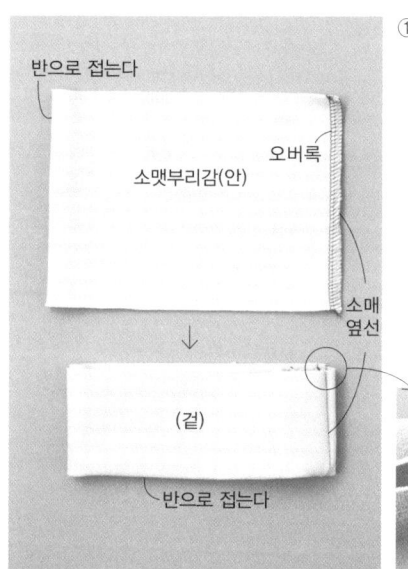

① 소맷부리감 1장의 소매 옆선을 겉끼리 맞대고 오버록한다. 안끼리 맞닿게 다시 접어서 시접을 서로 엇갈리게 넘긴다. 다른 1장도 같은 방법으로 만든다.

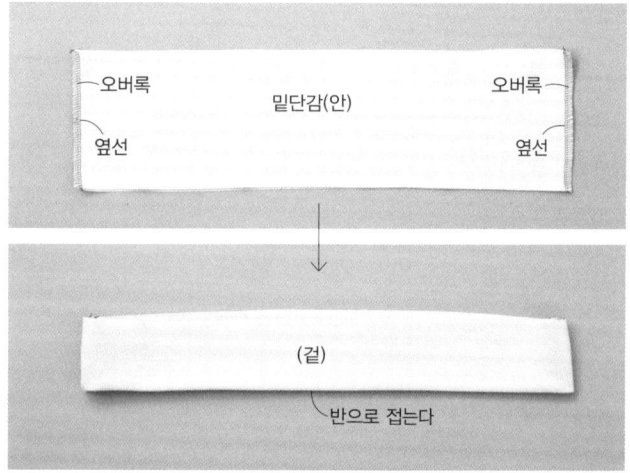

② 밑단감 2장을 겉끼리 맞대고 양 옆선을 오버록한다. 안끼리 맞닿게 다시 접어서 시접을 서로 엇갈리게 넘긴다.

10 소맷부리감, 밑단감을 단다.

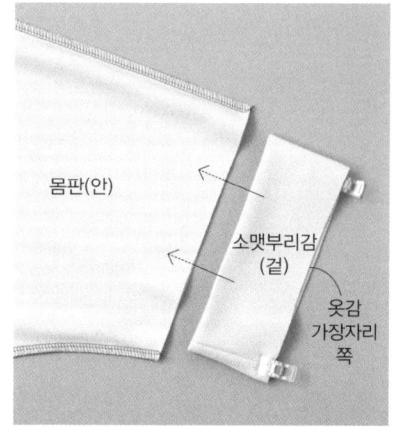

① 몸판 소맷부리와 소맷부리감을 겉끼리 맞대고 맞춤 표시를 맞춰서 시침 클립으로 고정한다.
(>page. 40 참조)

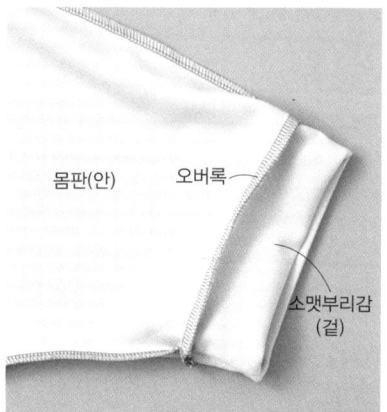

② 소맷부리감을 늘이면서 오버록한 뒤에 소맷부리감을 끌어낸다.
(>page. 40 참조)

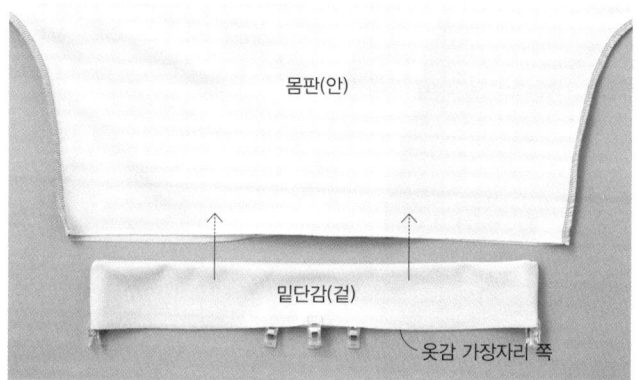

③ 몸판 밑단과 밑단감을 겉끼리 맞대고 맞춤 표시를 맞춰서 시침 클립으로 고정한다. (>page. 40 참조)

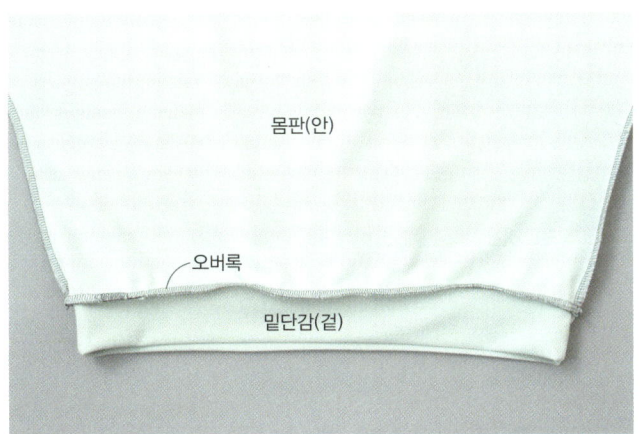

④ 밑단감을 늘이면서 오버록한 뒤에 밑단감을 끌어낸다.
> page. 40 참조

완성

앞

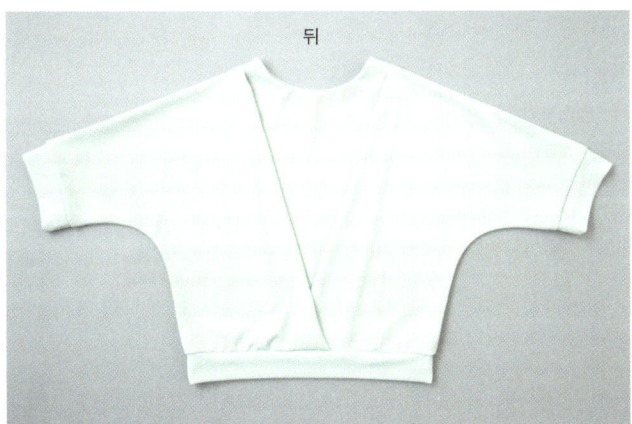

뒤

E¹ 소맷부리 개더 티셔츠

→ photo / page. **14**

[실물 크기 옷본 3면]

[완성 치수(cm)]

	S	M	L	LL
전체 길이 앞	61.5	62.5	63.5	64.5
뒤	70	71	72	73
가슴둘레	98	104	110	116
화장 길이	34	35.5	37	38.5

[재료]

사용 옷감: 아쿠아 레전드 양면 155cm 폭

옷감 필요량	S	M	L	LL
110cm 폭	160	165	170	170
130cm 폭	150	150	150	150
150cm 폭	90	90	90	110

부자재 *S·M·L·LL 공통	필요량·수량
납작 고무줄(25mm 폭)	72/84/96/108cm

[옷감을 마름질하는 법]

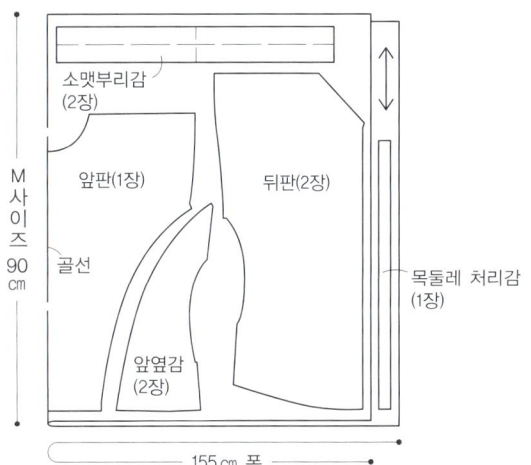

1 옷감을 마름질하여 표시한다.

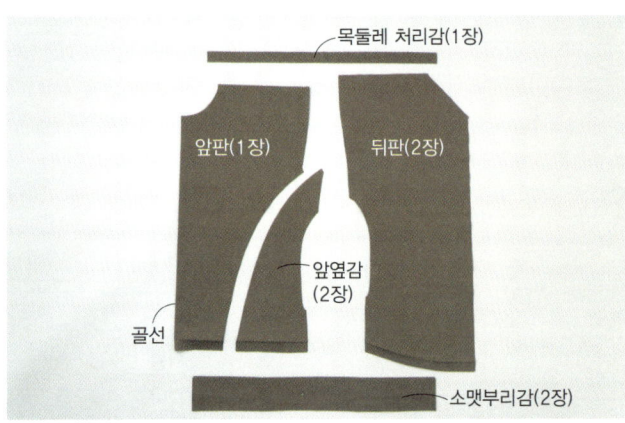

옷본을 만들어서 사진처럼 옷감을 마름질하고 필요한 표시를 한다.
>page. 37 참조

2 밑단을 완성선에서 접는다.

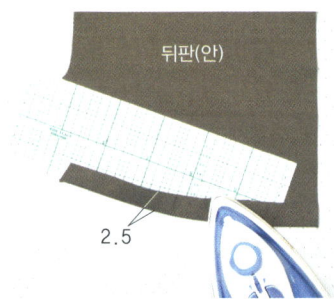

밑단 시접을 다려서 접는다. 다리미 시접자를 사용하면 쉽게 접을 수 있다.

3 앞판과 앞옆감을 박는다.

① 앞판과 앞옆감의 절개선을 겉끼리 맞대고 시침 클립으로 고정한다. 박음질 시작과 박음질 끝의 시접은 패브릭 풀로 고정하면 어긋나지 않고 쉽게 박을 수 있다.

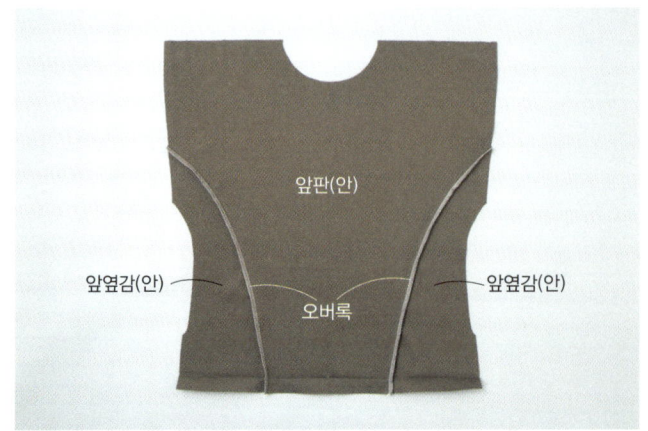

② 절개선을 오버록하고 시접은 옆감 쪽으로 넘긴다.

4 어깨선을 박는다.

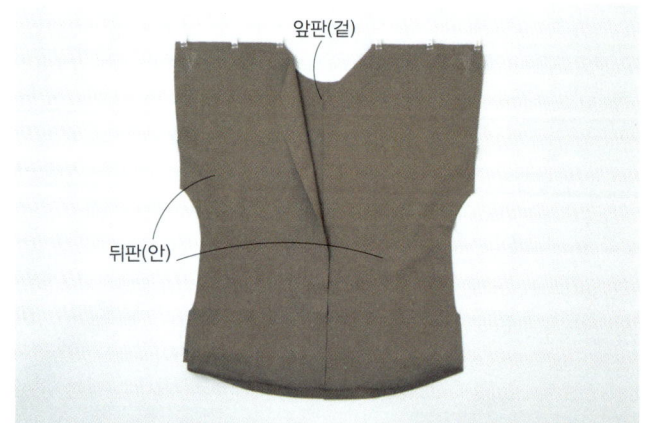

① 앞·뒤판 어깨선을 겉끼리 맞대고 시침 클립으로 고정한다.

② 어깨선을 오버록하고 시접은 뒤쪽으로 넘긴다.

5 목둘레선을 처리한다.

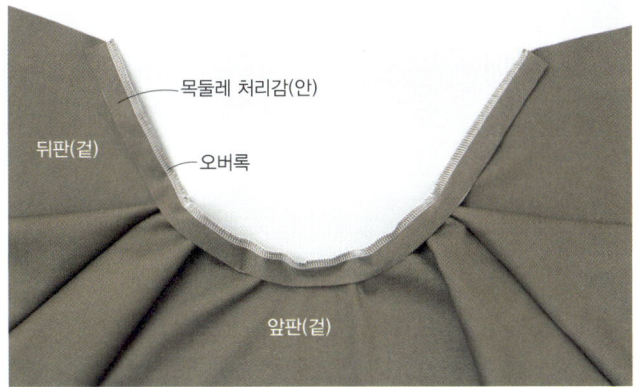

① 앞·뒤판 목둘레선과 목둘레 처리감을 겉끼리 맞대고 오버록한다.

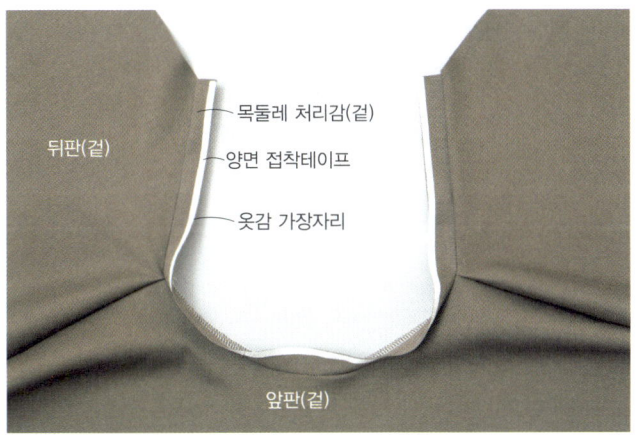

② 목둘레 처리감을 세우고 겉쪽의 옷감 가장자리를 따라서 옷감용 양면 접착테이프(폭 5mm)를 붙인다.

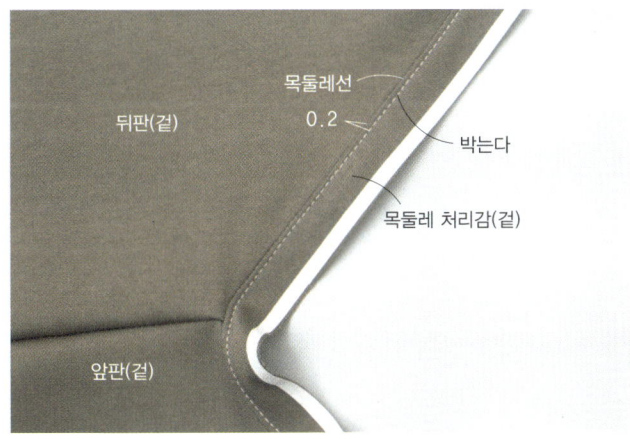

③ 시접을 목둘레 처리감 쪽으로 넘기고, 몸판을 젖혀서 목둘레 처리감의 겉쪽에서 직선박기하여 시접을 고정한다.

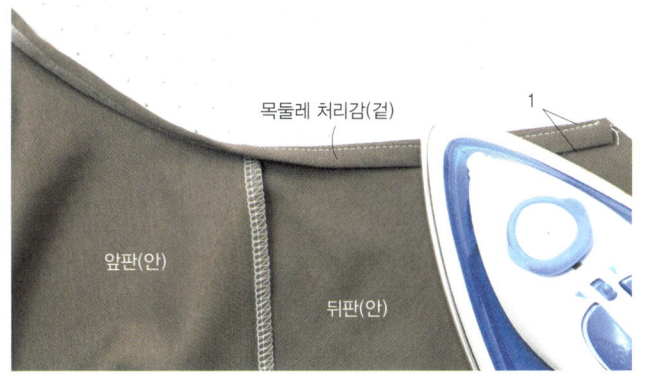

④ 목둘레 처리감에 붙인 양면 접착테이프의 이형지를 벗기고 몸판 안쪽으로 접어서 넘긴 후 한 번 더 접고 다려서 붙인다.

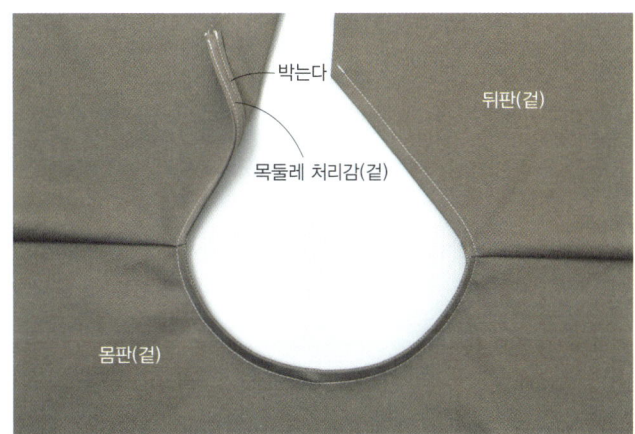

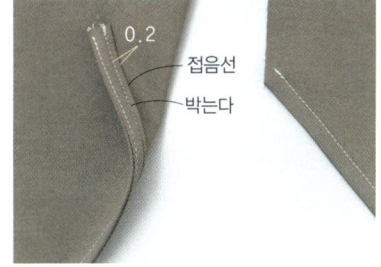

⑤ 목둘레 처리감의 접음선 바로 옆을 직선박기한다. 목둘레 처리감에 남는 부분이 있으면 자른다.

6 뒤판 중심선을 박는다.

① 뒤판의 뒤판 중심선 시접 가장자리를 오버록한다.

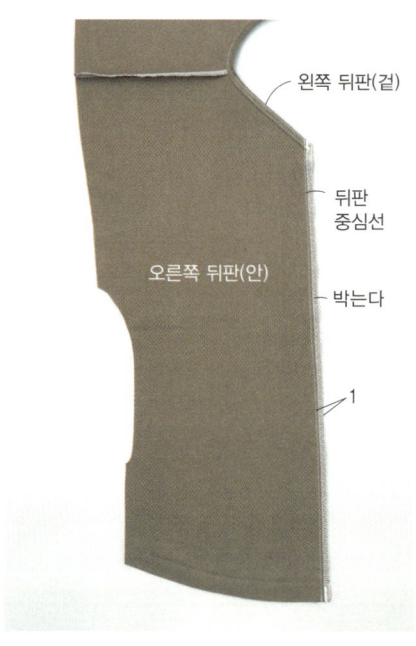

② 왼쪽·오른쪽 뒤판을 겉끼리 맞대고 뒤판 중심선을 직선박기한다.

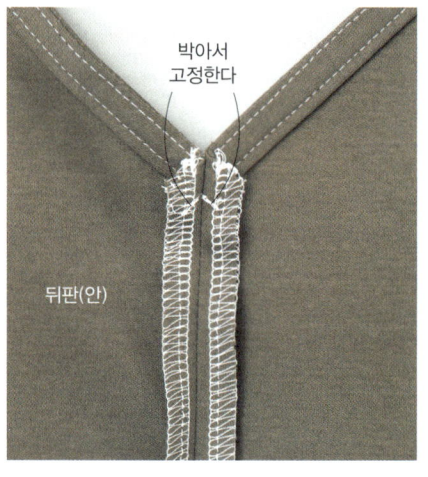

③ 시접을 벌리고 위쪽 끝을 직선박기하여 고정한다.

7 옆선을 박는다.

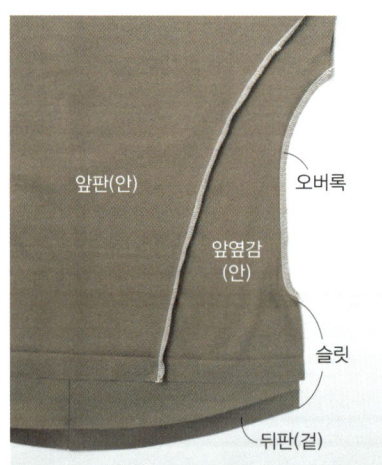

앞옆감과 뒤판의 옆선을 겉끼리 맞대고 오버록한다(슬릿은 남긴다).

8 소맷부리감을 만들어서 단다.

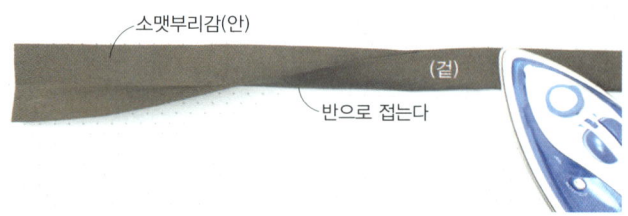

① 소맷부리감을 안끼리 맞닿게 반으로 접고 다려서 누른다.

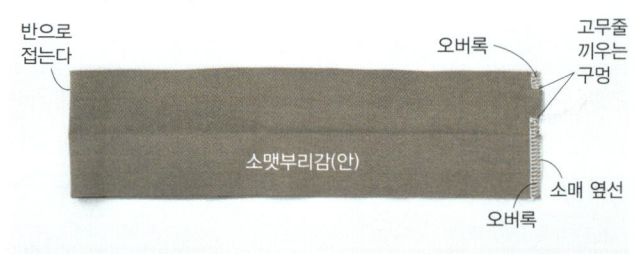

② 접음선을 일단 벌려서 소매 옆선을 겉끼리 맞대고 고무줄 끼우는 구멍을 남겨서 오버록한다.

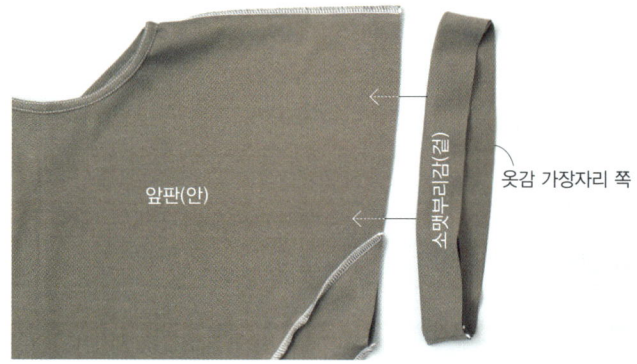

③ 소맷부리감을 겉끼리 맞닿게 다시 접고 시접을 교대로 어긋나게 넘긴다. (>page. 40 참조) 몸판의 소맷부리와 소맷부리감을 겉끼리 맞대고 맞춤 표시를 맞춰서 시침 클립으로 고정한다.

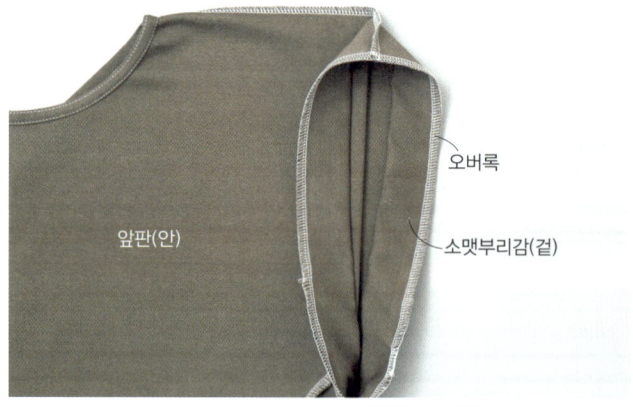

④ 소맷부리감을 늘이면서 오버록한다. (>page. 40 참조)

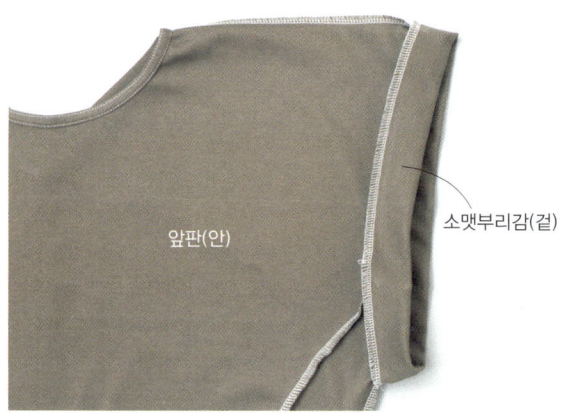

⑤ 소맷부리감을 끌어낸다.

9 슬릿과 밑단을 처리한다.

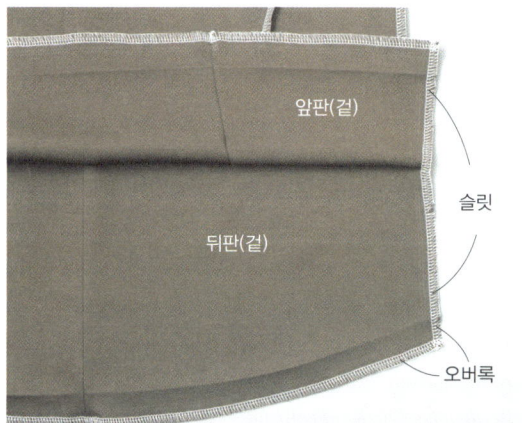

① 슬릿을 벌리고 슬릿~밑단의 시접 가장자리를 계속하여 오버록한다.

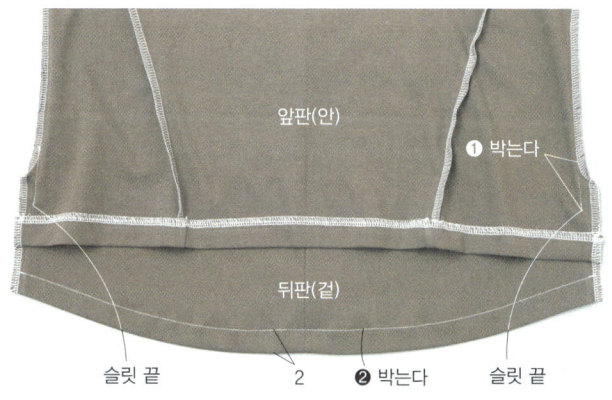

② 앞판과 뒤판의 슬릿을 겉끼리 맞대고 옆선의 오버록 솔기에서부터 이어지듯 슬릿 끝까지 직선박기한다. (>page. 62 10 참조) 밑단 시접을 완성선에서 접어서 직선박기한다.

③ 슬릿 시접을 완성선대로 접어서(1.5cm) 슬릿 주위를 직선박기한다.

10 소맷부리에 납작 고무줄을 끼운다.

소맷부리감의 고무줄 끼우는 구멍으로 납작 고무줄을 끼우고 고무줄 양 끝을 겹쳐서 직선박기하여 고정한다.

완성

앞

뒤

 소맷부리 개더 티셔츠
→ photo / page. 15

[실물 크기 옷본 3면]

[완성 치수(cm)]

	S	M	L	LL
전체 길이 앞	61.5	62.5	63.5	64.5
뒤	70	71	72	73
가슴둘레	98	104	110	116
화장 길이	34	35.5	37	38.5

[재료]

사용 옷감: ONOPOLY 양면 140cm 폭

옷감 필요량	S	M	L	LL
110cm 폭	160	165	170	170
130cm 폭	150	150	150	150
150cm 폭	90	90	90	110

부자재 *S·M·L·LL 공통	필요량·수량
납작 고무줄(25mm 폭)	72/84/96/108cm

[옷감을 마름질하는 법]

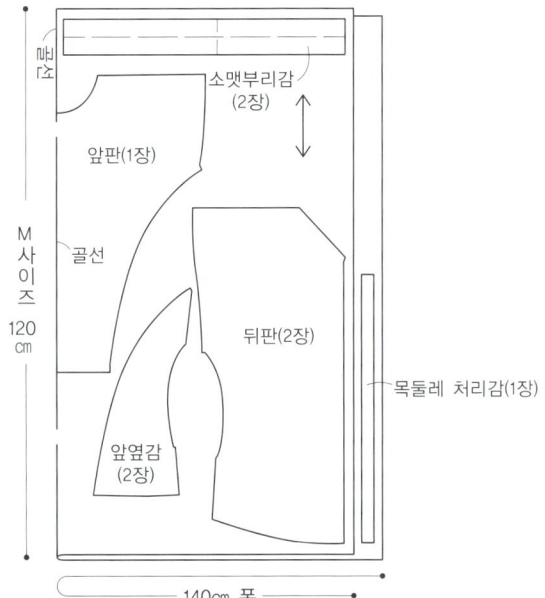

만드는 법은 P.50 [E¹ 소맷부리 개더 티셔츠]의 1~10을 참조한다.

D¹ D² 프릴 소매 티셔츠

→ photo / page. **12, 13**

[실물 크기 옷본 3면]

[완성 치수(cm)]

	S	M	L	LL
전체 길이	64	65	66	67
가슴둘레	84	90	96	102
어깨너비	28	29	30	31
소매 길이	24	24	24	24

[재료]

사용 옷감: D¹ ONOPOLY 양면 140cm 폭
　　　　　D² R40 양면 145cm 폭

옷감 필요량	S	M	L	LL
110cm 폭	170	180	180	190
130cm 폭	170	180	180	190
150cm 폭	140	150	160	160

부자재 *S·M·L·LL 공통	필요량·수량
늘어남 방지 접착테이프(12mm 폭)	20cm
울사	1콘

[옷감을 마름질하는 법] * ▢ 는 뒷면에 늘어남 방지 접착테이프를 붙인다.

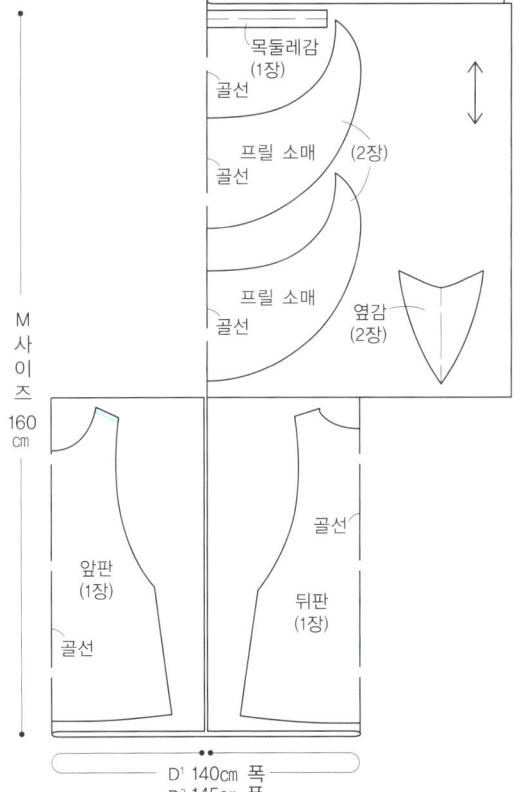

D¹ 140cm 폭
D² 145cm 폭

M 사이즈 160cm

1 옷감을 마름질하여 표시한다.

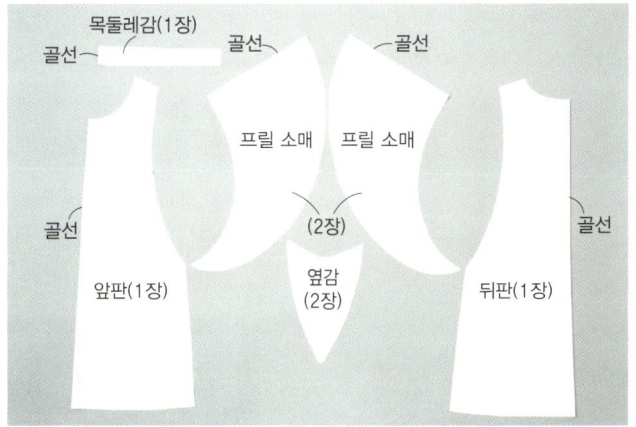

옷본을 만들어서 사진처럼 옷감을 마름질하고 필요한 표시를 한다.
> page. 37 참조

2 접착테이프를 붙인다.

앞판 어깨선의 안쪽에 늘어남 방지 접착테이프를 붙인다. > page. 37 참조

3 소맷부리, 옆감의 위쪽 가장자리를 인터록으로 처리한다.

바늘 1개 실 3개	위 루퍼에 울사 사용 * 위 루퍼 장력 1~2 * 아래 루퍼 장력 7~8
땀수 조절	인터록 1
오버록 폭	M
차동	N~0.6

① 박기 시작할 때 실 고리를 약 10cm 만들고, 말려들지 않도록 실 끝을 왼손으로 살짝 당긴다.

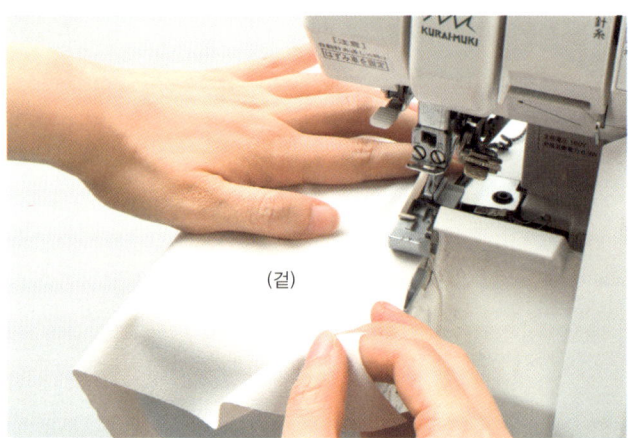

5 소매마루에 주름을 잡는다.

* 오버록 재봉틀을 '주름 잡기'로 세팅한다. 고무줄 노루발을 사용.

땀수 조절	일반 오버록 4
오버록 폭	소
차동	2

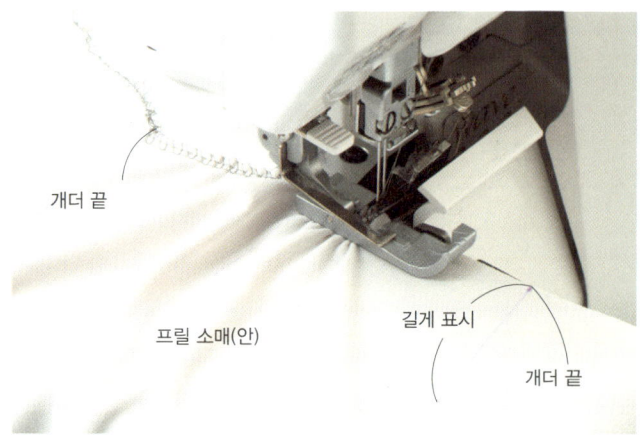

프릴 소매(안) / 개더 끝 / 길게 표시 / 개더 끝

② 실 끝이 칼날 위치보다 조금 오른쪽에 나오도록 해서 박는다. 도중에 멈추면 바늘땀이 흐트러지므로 단번에 박고, 박음질 끝은 실 고리를 약 10cm 남기고 자른다.

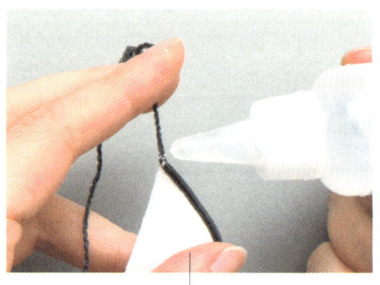

③ 실 끝을 처리한다. 옷감 바로 옆의 실 고리에 올 풀림 방지액을 조금 바른 뒤에 마르면 옷감에 바짝 붙여서 자른다.

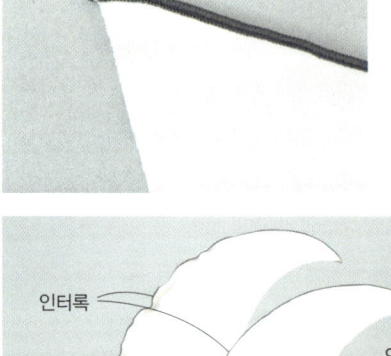

프릴 소매(겉)

① 개더 끝을 알아보기 쉽도록 소매 안쪽에 초크 펜으로 길게 표시한다. 개더 끝의 1~2cm 앞~개더 끝의 앞까지 위의 설정으로 박아서 주름을 잡는다.

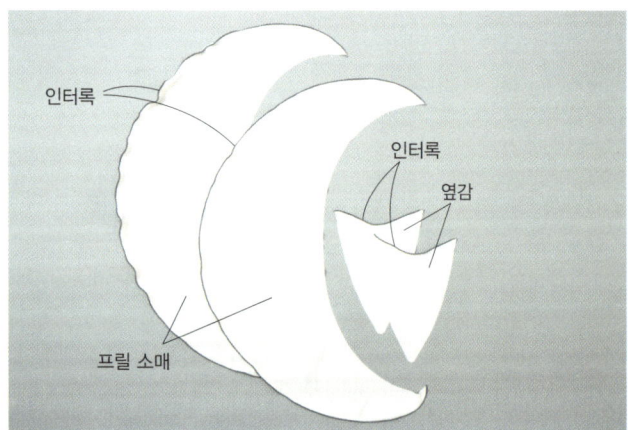

인터록 / 인터록 / 옆감 / 프릴 소매

프릴 소매, 옆감을 2장씩 처리한다.

4 밑단을 완성선에서 접는다.

밑단 시접을 다려서 2.5cm 접는다. (>page. 37 참조)

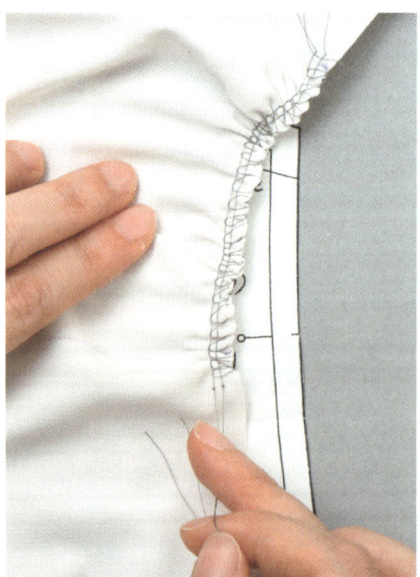

② 앞판과 뒤판 옷본 각각의 개더 끝~어깨선 치수에 맞춰서 바늘 실 2가닥을 잡아당겨서 줄인다.

③ 실 4가닥을 합쳐서 옷감 가장자리 바로 옆에서 묶고 실 끝을 자른다.

6 어깨선을 박는다.

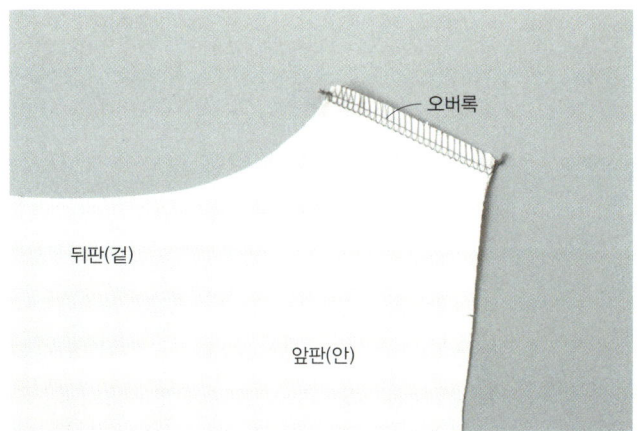

앞·뒤판 어깨선을 겉끼리 맞대고 오버록한다.

7 소매, 옆감을 몸판에 단다.

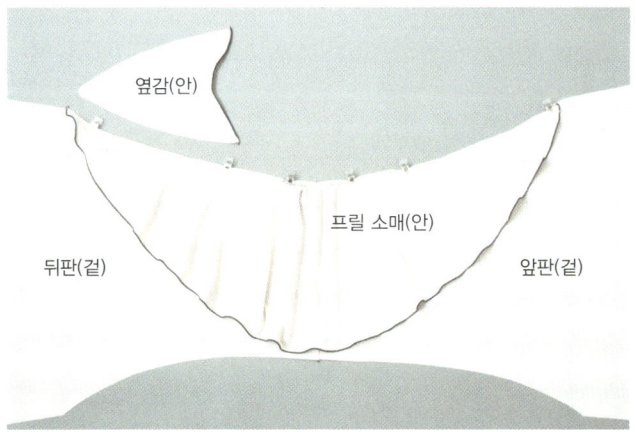

① 앞·뒤판 진동둘레에 프릴 소매를 겉끼리 맞대고 시침 클립으로 고정한다.

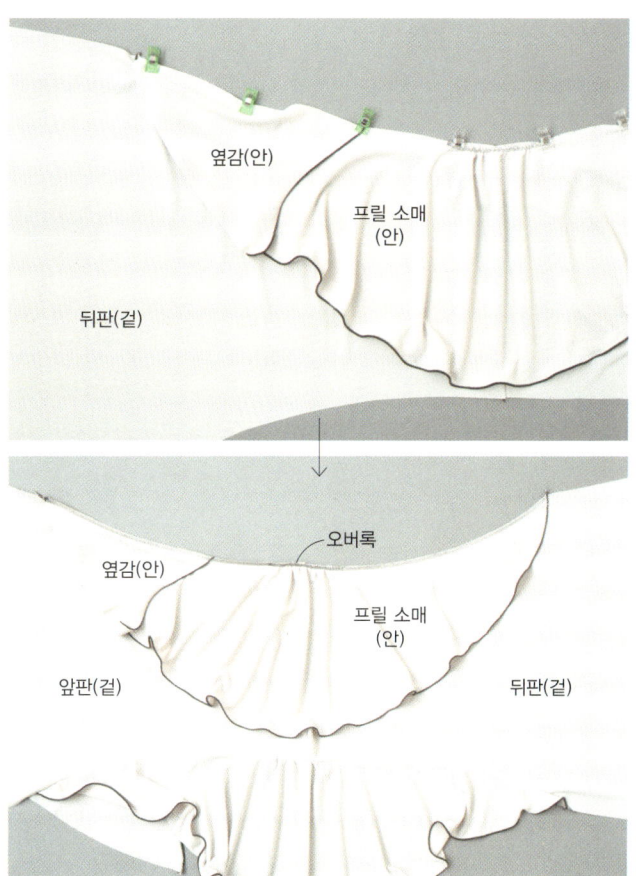

② 뒤판의 프릴 소매 위에 옆감을 겹치고 시침 클립으로 고정하여 오버록한다. 다른 한쪽도 같은 방법으로 단다.

8 옆선을 박는다.

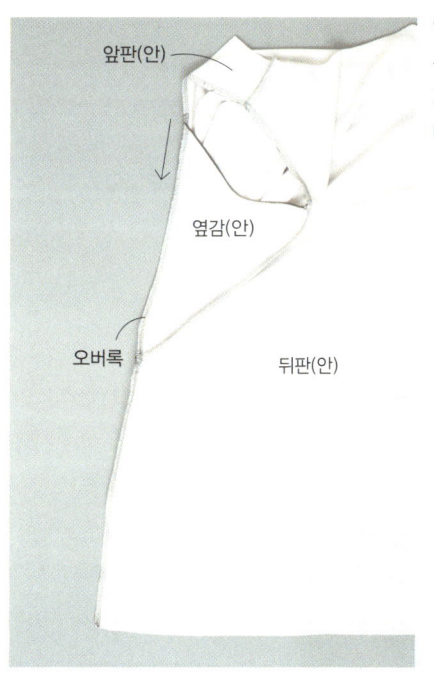

앞·뒤판, 옆감의 옆선을 겉끼리 맞대고 계속하여 오버록한다.

9 목둘레감을 만들어서 단다.

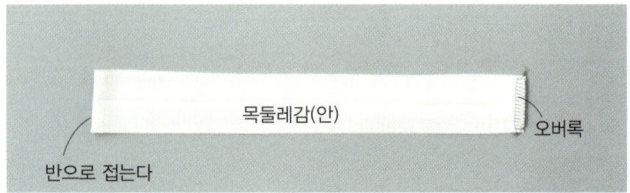

① 목둘레감을 겉끼리 맞닿게 반으로 접어서 짧은 변을 오버록한다.

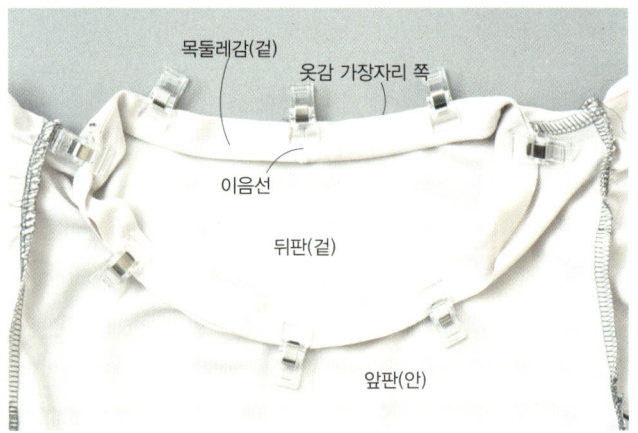

② 목둘레감을 안끼리 맞닿게 반으로 접어서 몸판의 겉쪽 목둘레와 맞춤 표시를 맞춰 시침 클립으로 고정한다. 목둘레감의 이음선은 뒤판 중심에 맞춘다.

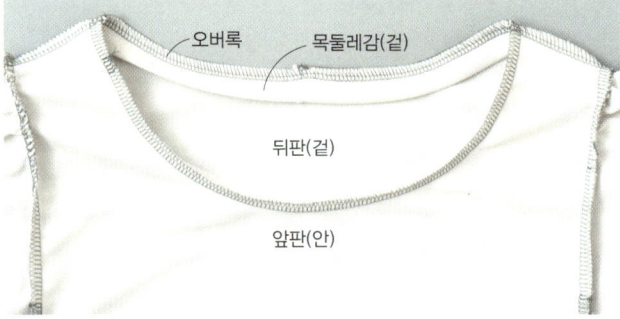

③ 목둘레선을 오버록한다.

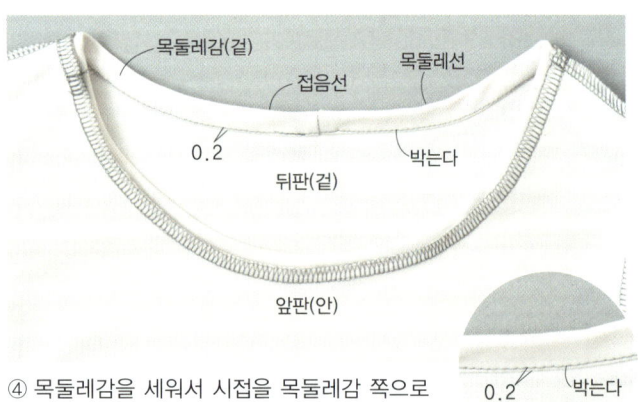

④ 목둘레감을 세워서 시접을 목둘레감 쪽으로 넘기고, 목둘레감의 겉에서 직선박기하여 시접을 누른다(안단만 눌러박기).

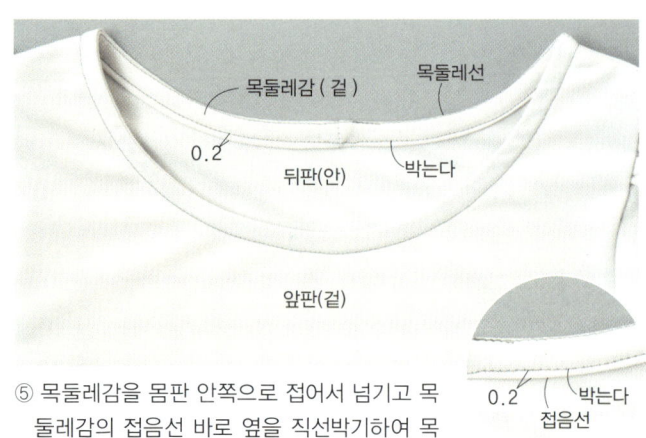

⑤ 목둘레감을 몸판 안쪽으로 접어서 넘기고 목둘레감의 접음선 바로 옆을 직선박기하여 목둘레감을 누른다.

10 밑단을 처리한다.

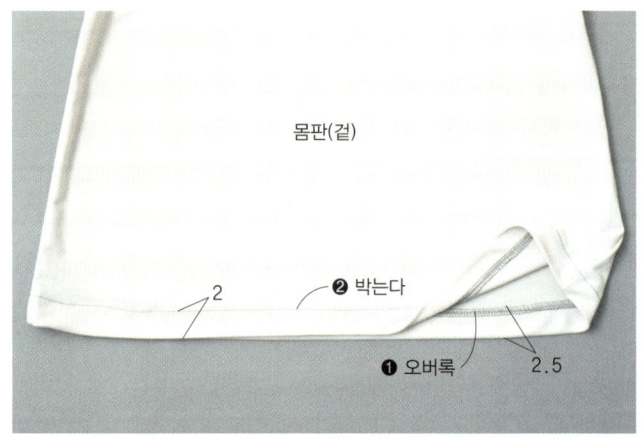

밑단 시접 가장자리를 오버록하고, 완성선에서 다시 접어서 직선박기한다.

완성

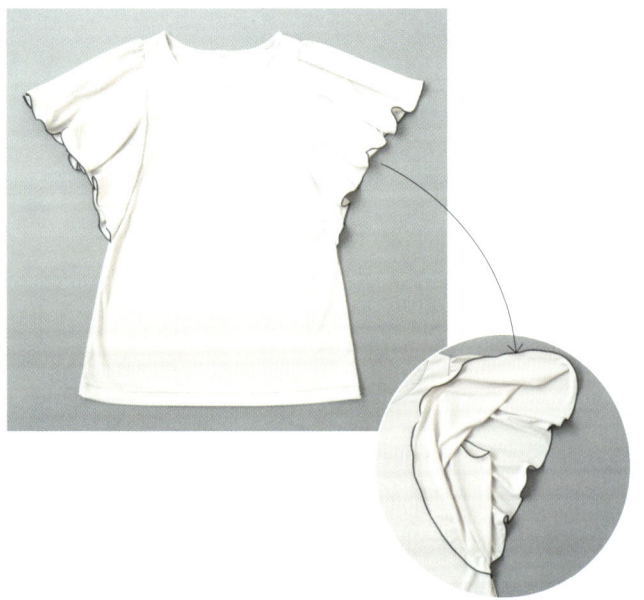

F¹ F² 투웨이 리본 블라우스

→ photo / page. 16, 18

[실물 크기 옷본 4면]

[완성 치수(cm)]

	S	M	L	LL
전체 길이	67	68	69	70
가슴둘레	100	106	112	118
화장 길이	30.5	31.5	32.5	33.5

[재료]

사용 옷감: F¹ ONOPOLY 양면 140cm 폭
F² 구라이 무키 사파리 135cm 폭

옷감 필요량	S	M	L	LL
110cm 폭	160	160	160	160
130cm 폭	160	160	160	160
150cm 폭	160	160	160	160

부자재 *S·M·L·LL 공통	필요량·수량
늘어남 방지 접착테이프(12mm 폭)	50cm

[옷감을 마름질하는 법] * ☐ 는 뒷면에 늘어남 방지 접착테이프를 붙인다.

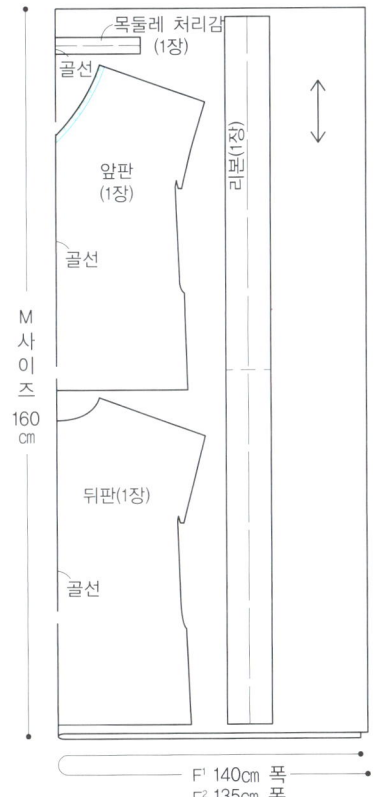

1 옷감을 마름질하여 표시한다.

옷본을 만들어서 사진처럼 옷감을 마름질하고 필요한 표시를 한다.
▶page. 37 참조

2 접착테이프를 붙인다.

앞판 목둘레선의 안쪽에 늘어남 방지 접착테이프를 붙인다.
▶page. 37 참조

3 소맷부리, 밑단을 완성선에서 접는다.

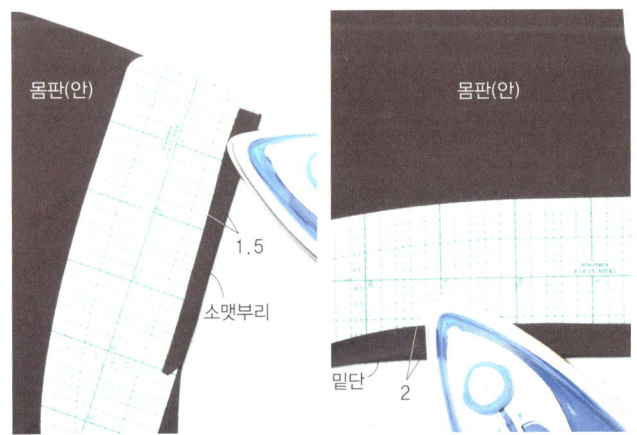

앞·뒤판의 소맷부리와 밑단 시접을 다려서 접는다. 다리미 시접자를 사용하면 쉽게 접을 수 있다.

4 앞판 목둘레선을 처리한다.

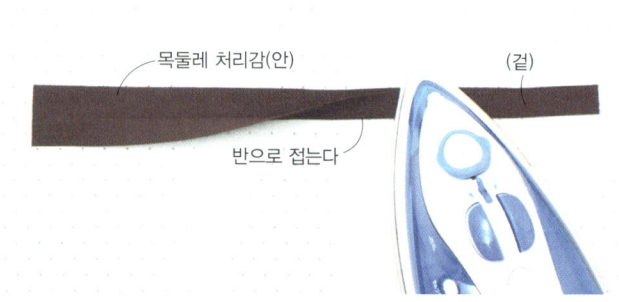

① 목둘레 처리감을 안끼리 맞닿게 반으로 접고 다려서 누른다.

② 앞판의 브이넥 중심에 가위집을 넣는다.

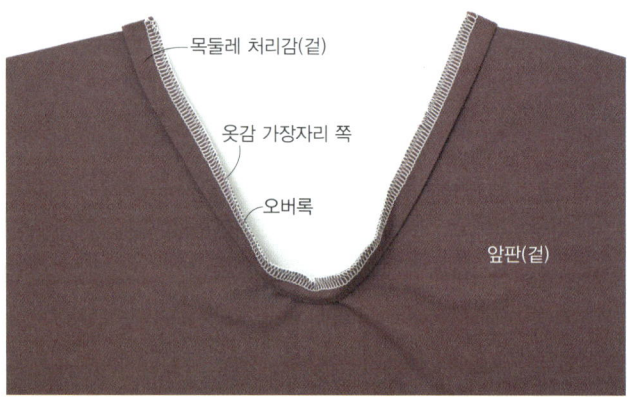

③ 앞판의 목둘레 겉에 목둘레 처리감을 맞대고 시침 클립으로 고정하여 오버록한다.

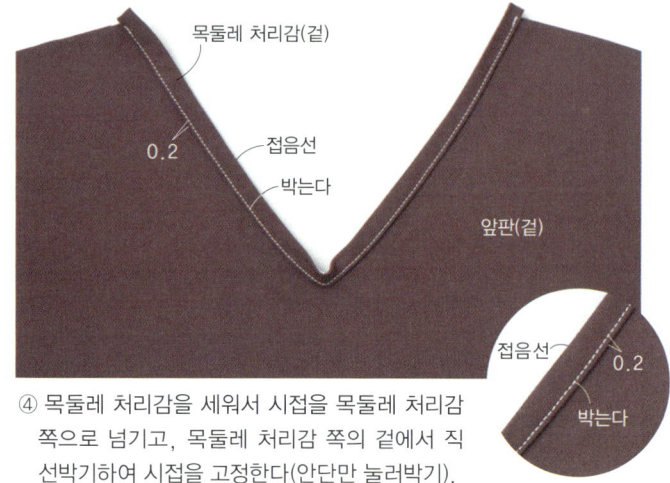

④ 목둘레 처리감을 세워서 시접을 목둘레 처리감 쪽으로 넘기고, 목둘레 처리감 쪽의 겉에서 직선박기하여 시접을 고정한다(안단만 눌러박기).

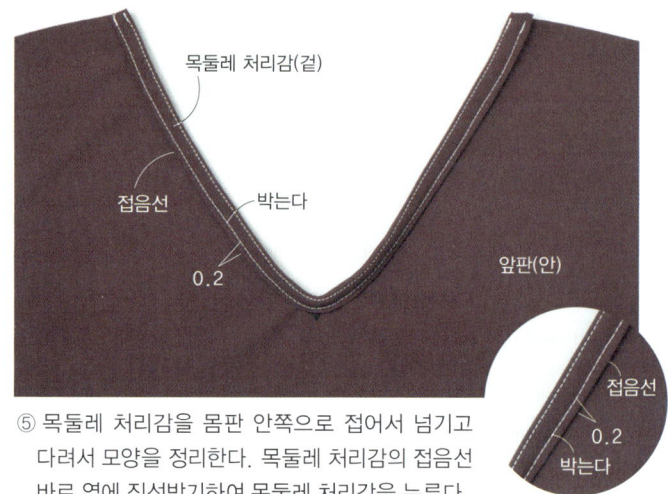

⑤ 목둘레 처리감을 몸판 안쪽으로 접어서 넘기고 다려서 모양을 정리한다. 목둘레 처리감의 접음선 바로 옆에 직선박기하여 목둘레 처리감을 누른다.

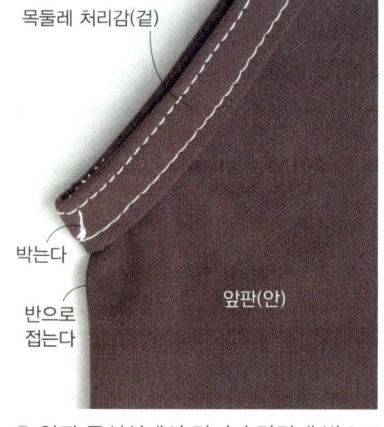
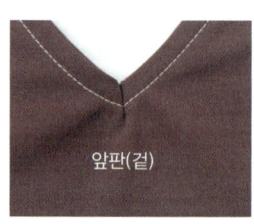

⑥ 앞판 중심선에서 겉끼리 맞닿게 반으로 접고 목둘레 처리감의 앞판 중심선을 아래에서 위를 향해 직선박기한다. 겉쪽의 앞판 중심이 움푹 들어가지 않도록 목둘레 처리감의 양 끝까지 박지 말고 남긴다.

5 리본을 만든다.

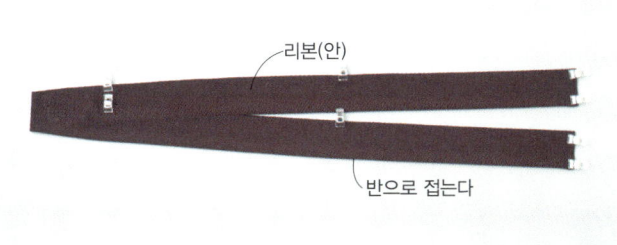

① 리본을 겉끼리 맞닿게 반으로 접어서 시침 클립으로 고정한다.

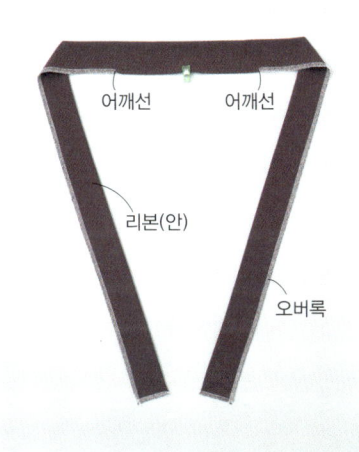

② 리본의 어깨선~어깨선 사이(뒤쪽 옷깃 다는 위치)를 남기고 옷감 가장자리를 오버록한다.

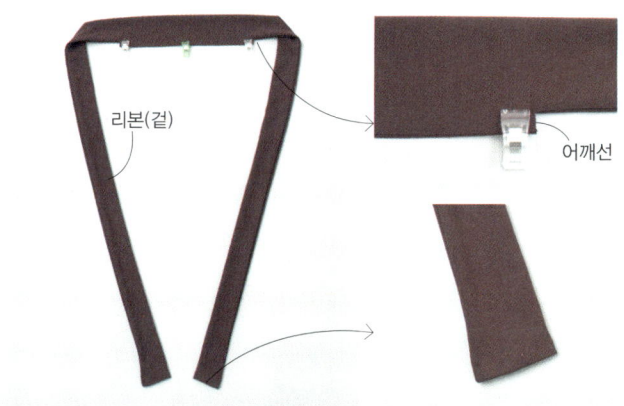

④ 겉으로 뒤집어서 모양을 정리한다.

6 뒤쪽 목둘레에 리본을 단다.

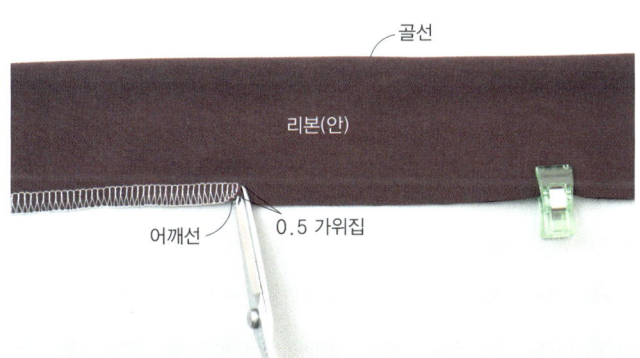

③ 어깨선 시접에 가위집을 넣고 시접을 다려서 접는다.

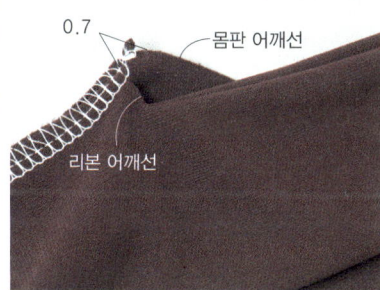

① 뒤판의 겉쪽 목둘레에 리본을 겹친다. 리본 어깨선은 몸판보다 0.7cm 뒤쪽으로 비켜 놓고 시침 클립으로 고정한 뒤 목둘레선을 오버록한다.

7 어깨선을 박고 뒤쪽 목둘레선에 스티치한다.

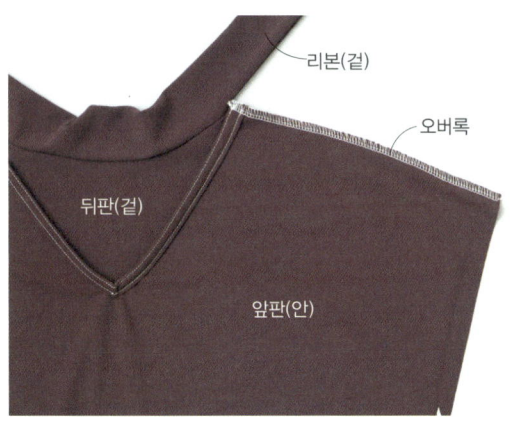

① 리본을 세워서 시접을 몸판 쪽으로 넘긴다. 앞·뒤판 어깨선을 겉끼리 맞대고 오버록한다.

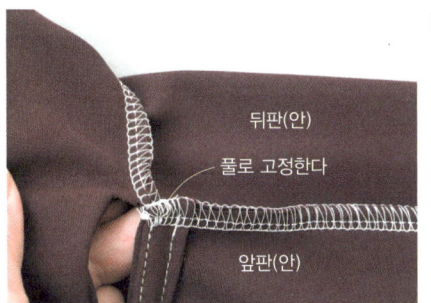

② 시접을 뒤쪽으로 넘기고 끝을 패브릭 풀로 고정한다.

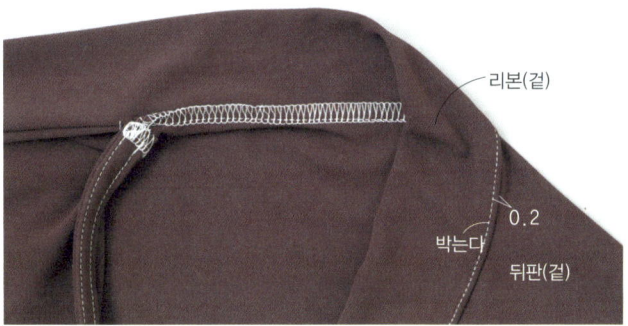

③ 몸판을 겉으로 뒤집고 뒤쪽 목둘레선의 겉에서 직선박기하여 시접을 고정한다.

8 소맷부리를 처리한다.

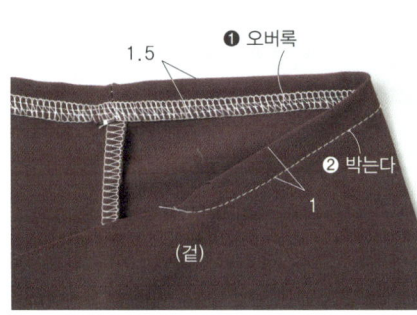

소맷부리의 시접 가장자리를 오버록하고, 시접을 완성선에서 다시 접는다. 소맷부리를 직선박기한다.

9 옆선을 박는다.

앞·뒤판 옆선을 겉끼리 맞대고 오버록한다(슬릿은 남긴다).

10 슬릿과 밑단을 처리한다.

① 슬릿을 벌려서 슬릿~밑단의 시접 가장자리를 계속하여 오버록한다.

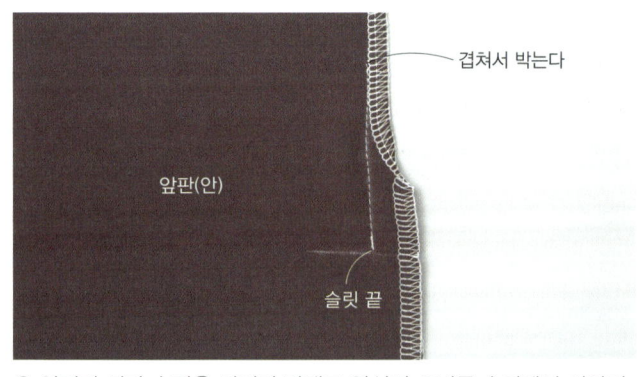

② 앞판과 뒤판 슬릿을 겉끼리 맞대고 옆선의 오버록 솔기에서 이어지듯이 슬릿 끝까지 직선박기한다.

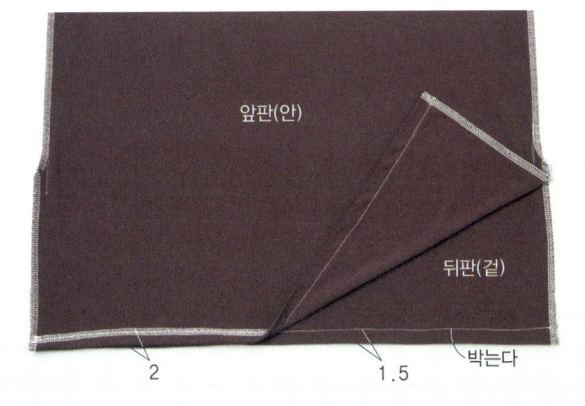

③ 밑단 시접을 완성선에서 접어서 직선박기한다.

④ 슬릿 시접을 완성선(1.5cm)에서 접고, 겉에서 슬릿 주위를 직선 박기한다. >page. 53 9 참조

완성

B¹ 앞뒤로 입을 수 있는 꼬임 튜닉

→ photo / page. 08

[실물 크기 옷본 1면]

[완성 치수(cm)]

	S	M	L	LL
전체 길이	79	80	81	82
가슴둘레	100	106	112	118
어깨너비	46	47	48	49
소매 길이	34.5	35	35.5	36

[재료]

사용 옷감: ONOPOLY 양면 140cm 폭

옷감 필요량	S	M	L	LL
110cm 폭	240	240	240	240
130cm 폭	190	190	190	190
150cm 폭	150	150	150	160

부자재 *S·M·L·LL 공통	필요량·수량
접착심지(35cm 폭)	25cm
늘어남 방지 접착테이프(12mm 폭)	35cm

[옷감을 마름질하는 법]

1 옷감을 마름질하여 표시한다.

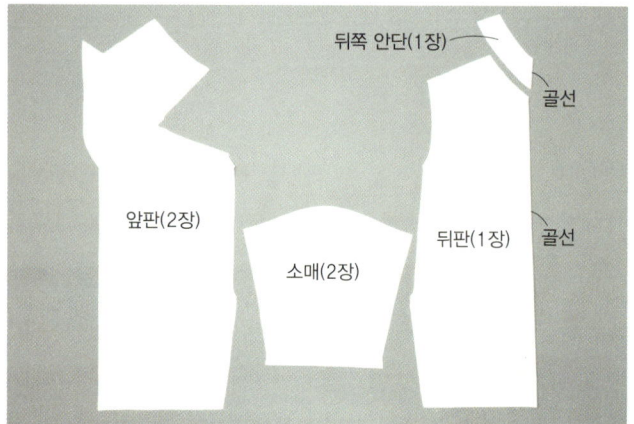

옷본을 만들어서 사진처럼 옷감을 마름질하고 필요한 표시를 한다.
>page. 37 참조

2 접착심지, 접착테이프를 붙인다.

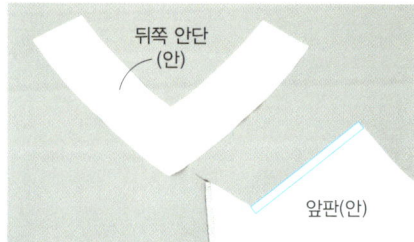

뒤쪽 안단의 안쪽에 접착심지, 앞판 어깨선의 안쪽에 늘어남 방지 접착테이프를 붙인다.
>page. 37 참조

3 소맷부리, 밑단을 완성선에서 접는다.

소맷부리, 밑단 시접을 다려서 2.5cm 접는다. >page. 37 참조

4 옷감 가장자리에 오버록한다.

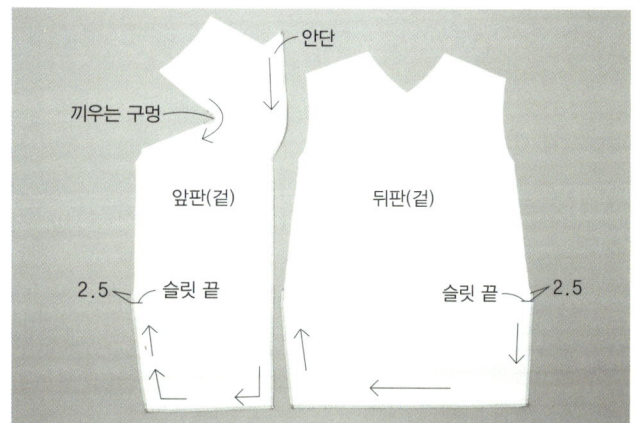

앞판은 안단에서부터 앞판 끝선, 밑단, 슬릿 끝의 위까지 계속해서, 또 끼우는 구멍의 옷감 가장자리를 오버록한다. 뒤판은 슬릿 끝의 위에서부터 밑단, 슬릿 위까지 계속해서 오버록한다. 뒤쪽 안단 가장자리도 오버록한다.

5 앞판 중심선을 박는다.

앞판 2장을 겉끼리 맞대고 앞판 중심선의 트임 끝에서부터 밑단까지 직선박기한다. 시접은 벌린다.

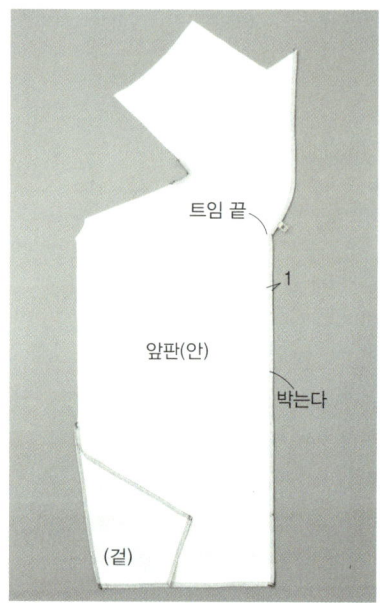

6 앞판의 꼬임을 만든다.

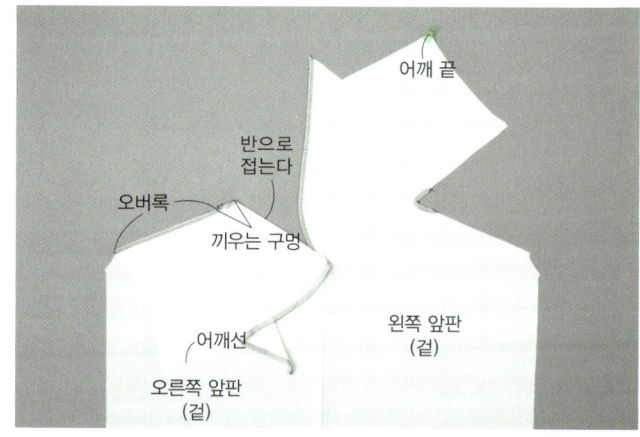

① 오른쪽 앞판의 끼우는 구멍이 건너가는 이음선을 겉끼리 맞대고, 끼우는 구멍은 남기고 오버록한다. 시접은 아래쪽으로 넘긴다.

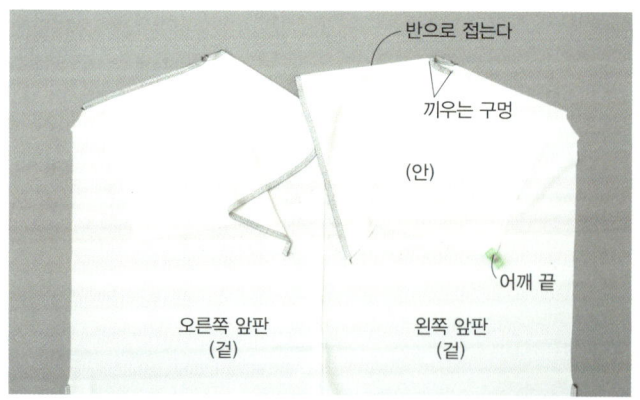

② 왼쪽 앞판의 어깨 끝(①의 초록색 클립을 고정한 부분)을 겉끼리 맞대고 아래쪽으로 넘긴다.

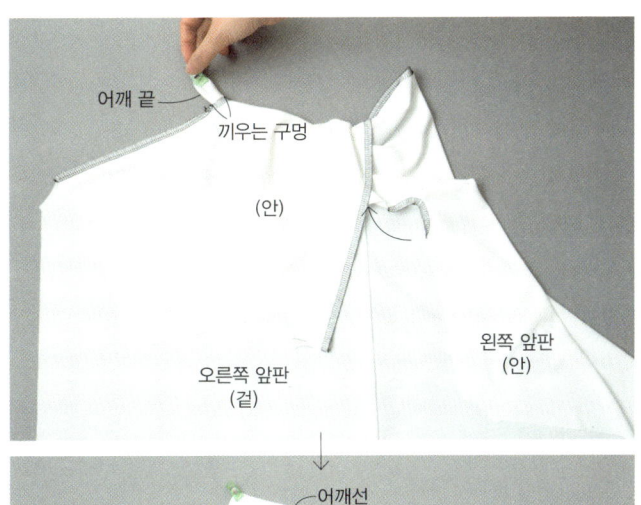

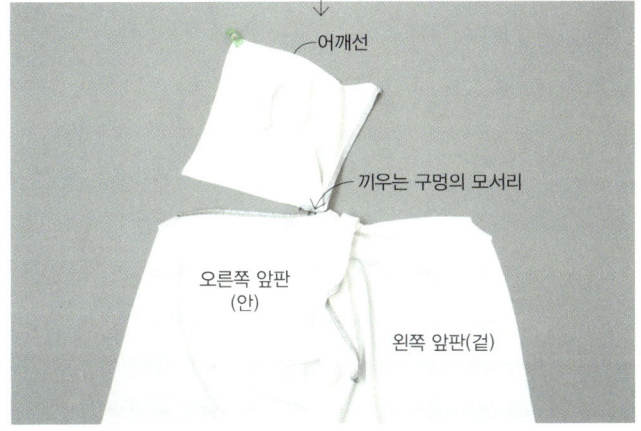

③ 왼쪽 앞판의 어깨 끝을 오른쪽 앞판 윗부분을 통과시켜서 끼우는 구멍에 끼우고, 왼쪽 앞판의 끼우는 구멍 모서리까지 끌어낸다.

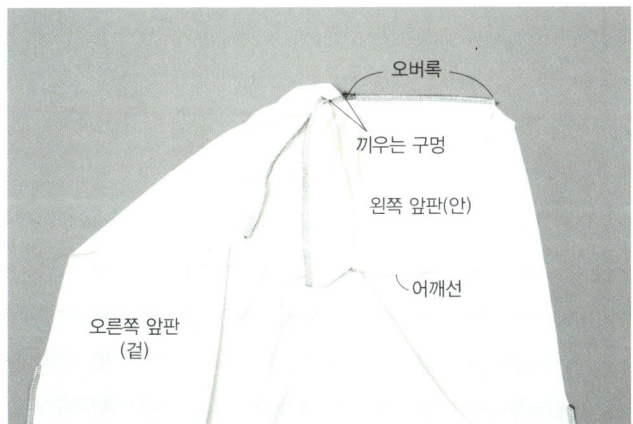

④ ③에서 끌어낸 왼쪽 앞판을 꼬아서, 이음선을 ①과 같은 방법으로 겉끼리 맞대고 오버록한다. 시접은 아래쪽으로 넘긴다.

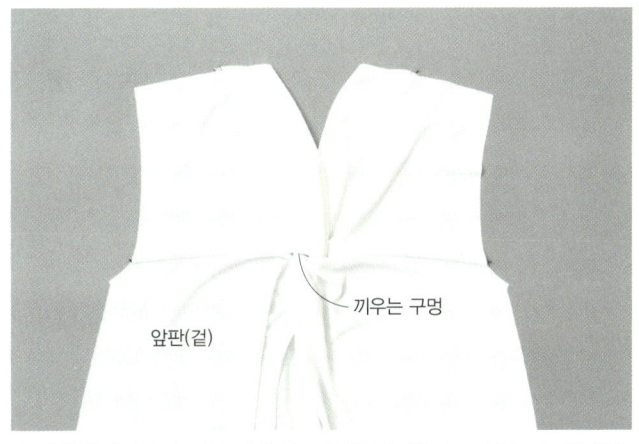

⑤ 이음선에서부터 위를 세워서 모양을 정리한다. 끼우는 구멍에서 앞쪽 안단이 나오면 손바느질로 고정한다.

7 뒤쪽 목둘레선을 박는다.

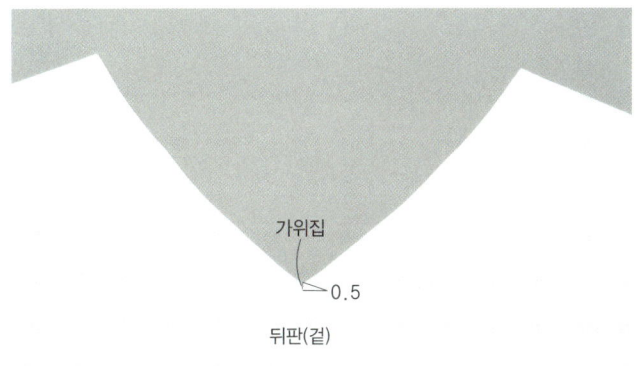

① 뒤쪽 목둘레의 브이넥 중심에 가위집을 넣는다.

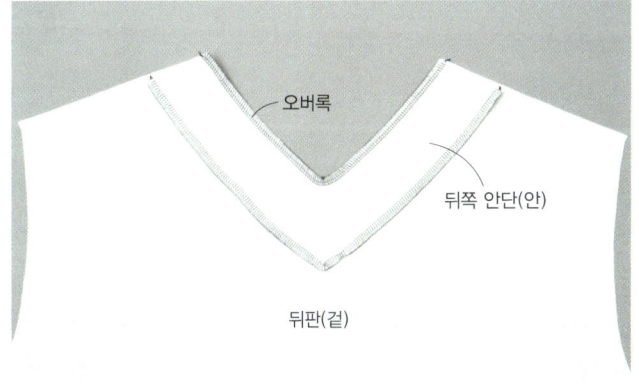

② 뒤판과 뒤쪽 안단의 목둘레선을 겉끼리 맞대고 오버록한다.

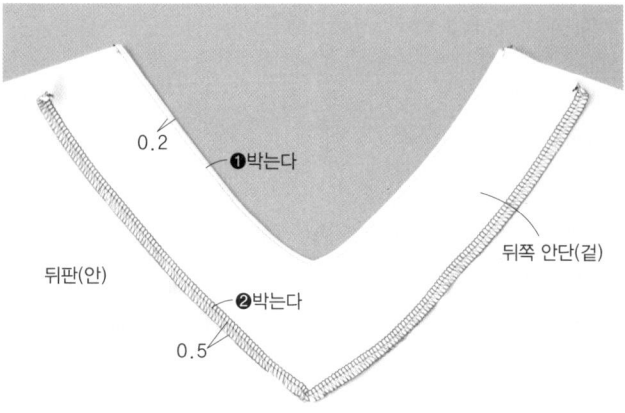

③ 목둘레선 시접을 안단 쪽으로 넘기고, 몸판을 젖혀서 안단의 겉쪽에서 직선박기하여 시접을 고정한다(안단만 눌러박기). 안단을 몸판 안쪽으로 접어서 넘기고 모양을 정리한다. 안단 가장자리에 직선박기하여 몸판에 고정한다.

8 어깨선을 박는다.

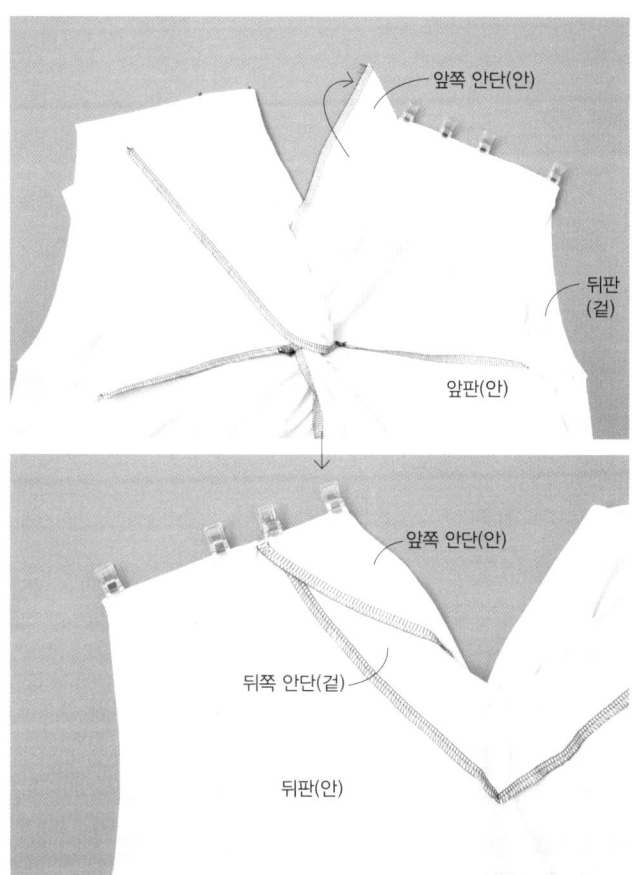

① 앞·뒤판 어깨선을 겉끼리 맞대고 시침 클립으로 고정한다. 앞쪽 안단을 목둘레선에서 뒤판 쪽으로 넘기고, 뒤쪽 안단을 끼워서 뒤판 어깨선에 시침 클립으로 고정한다.

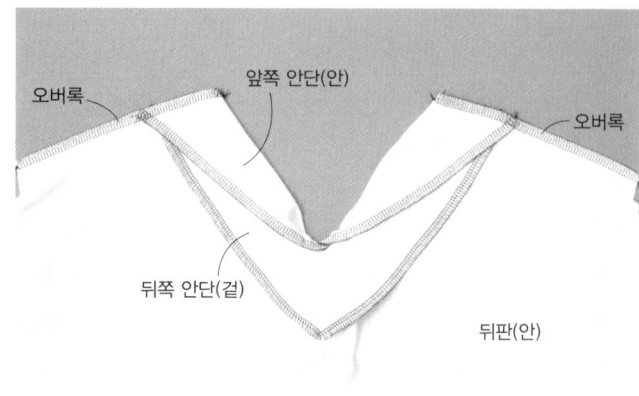

② 어깨선을 오버록하고 앞쪽 안단을 앞판 쪽으로 넘긴다. 시접은 뒤쪽으로 넘긴다.

9 소매를 단다.

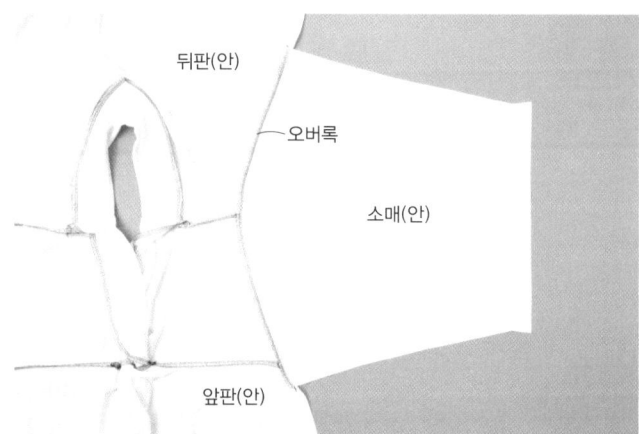

몸판의 진동둘레와 소매를 겉끼리 맞대고 오버록한다.

10 소매 옆선~몸판 옆선을 박는다.

소매 다는 선의 시접은 앞뒤에서 서로 어긋나게 넘기고, 앞·뒤판의 소매 옆선~몸판 옆선을 겉끼리 맞대어 계속해서 오버록한다(슬릿은 남긴다). 시접은 뒤쪽으로 넘긴다.

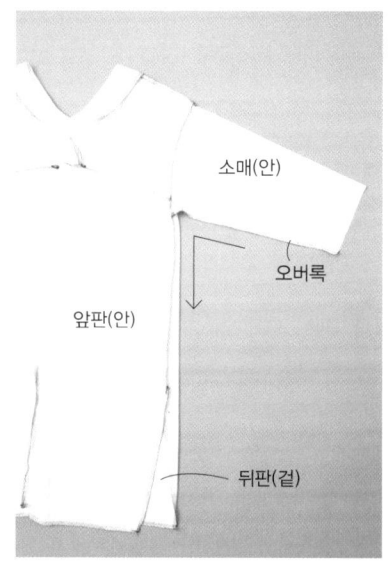

11 슬릿과 밑단을 처리한다.

슬릿과 밑단 시접의 가장자리를 오버록하고, 옆선 솔기에서부터 슬릿 끝까지 직선박기한다. 밑단, 슬릿을 접어서 직선박기한다.
(>page. 62 10 참조) 단, 밑단의 스티치 폭은 2cm.

12 소맷부리를 처리한다.

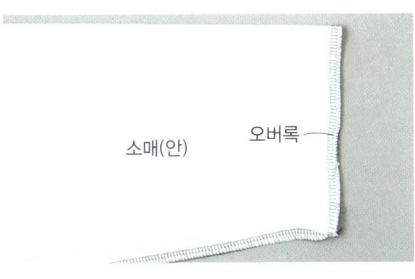

① 소맷부리의 시접 가장자리를 오버록한다.

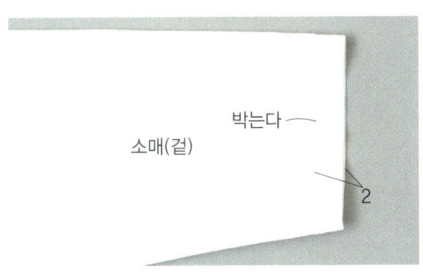

② 소맷부리를 완성선에서 접어서 직선박기한다.

완성

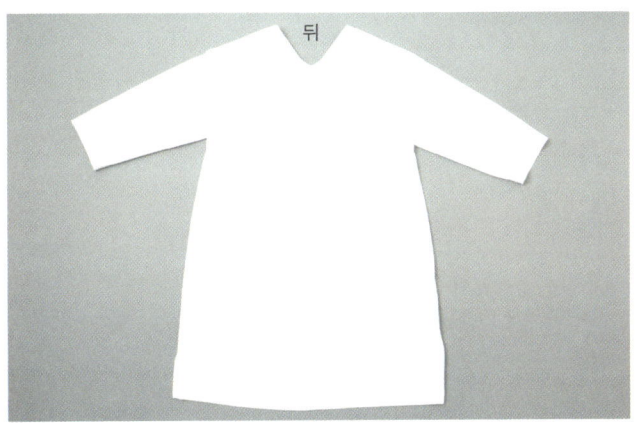

B² 앞뒤로 입을 수 있는 꼬임 블라우스

→ photo / page. 09

[실물 크기 옷본 1면]

[완성 치수(cm)]

	S	M	L	LL
전체 길이	56	57	58	59
가슴둘레	100	106	112	118
어깨너비	46	47	48	49
소매 길이	34.5	35	35.5	36

[재료]

사용 옷감: 냉감 및 자외선 차단 기능 모스 160cm 폭

옷감 필요량	S	M	L	LL
110cm 폭	200	200	200	200
130cm 폭	150	150	150	150
150cm 폭	120	120	120	130

부자재 *S·M·L·LL 공통	필요량·수량
접착심지(35cm 폭)	25
늘어남 방지 접착테이프(12mm 폭)	35cm

[옷감을 마름질하는 법] * ▭ 는 뒷면에 접착심지, 늘어남 방지 접착테이프를 붙인다.

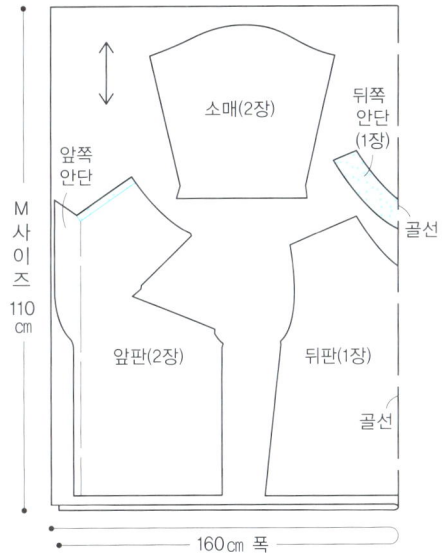

만드는 법은 P.64 [B¹ 앞뒤로 입을 수 있는 꼬임 튜닉]의 1~12를 참조한다. 단, 옆선에 슬릿은 없으므로 11은 밑단만 처리한다.

J¹ J² 접박기 하이넥 블라우스

→ photo / page. 24, 31

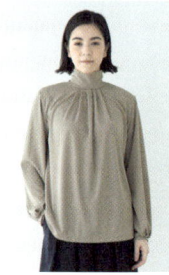

[실물 크기 옷본 5면]

[완성 치수(cm)]

	S	M	L	LL
전체 길이	65	66	67	68
가슴둘레	109	115	121	127
어깨너비	45	46	47	49
소매 길이	55.5	56.5	57	57.5
소맷부리	20	21	22	23

[재료]

사용 옷감: J¹ 강연 양면 140cm 폭
J² 폴리에스테르 강연사 평직 니트 150cm 폭

옷감 필요량	S	M	L	LL
110cm 폭	170	170	170	210
130cm 폭	140	140	140	170
150cm 폭	140	140	140	140

부자재 *S·M·L·LL 공통	필요량·수량
늘어남 방지 접착테이프(12mm 폭)	30/30/30/30cm
납작 고무줄(15mm 폭)	22/24/26/28cm

[옷감을 마름질하는 법] * ▢ 는 뒷면에 늘어남 방지 접착테이프를 붙인다.

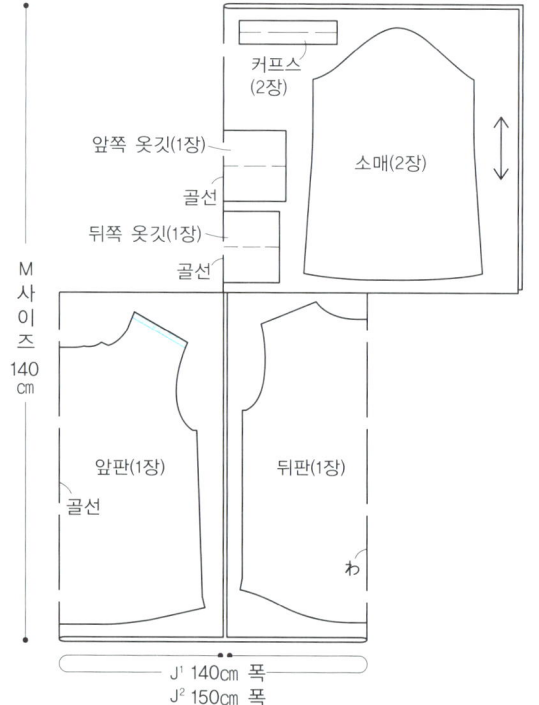

1 옷감을 마름질하여 표시한다.

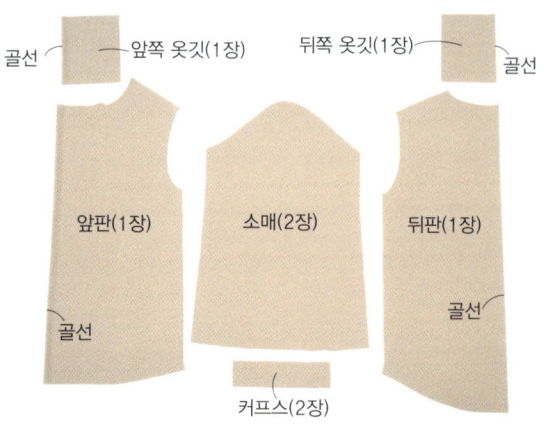

옷본을 만들어서 사진처럼 옷감을 마름질하고 필요한 표시를 한다.
▶page. 37 참조

2 접착테이프를 붙인다.

앞판 어깨선의 안쪽에 늘어남 방지 접착테이프를 붙인다.
▶page. 37 참조

3 앞·뒤쪽 옷깃, 커프스, 밑단을 완성선에서 접는다.

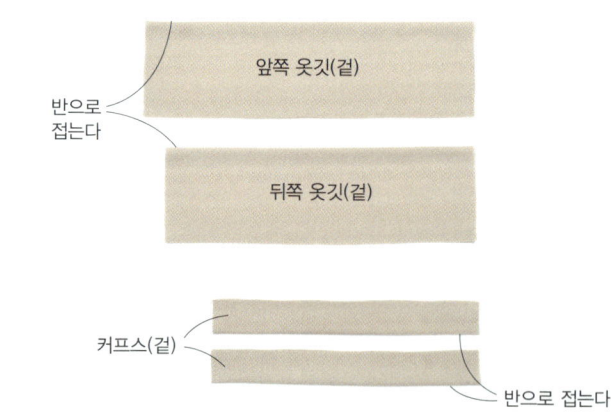

앞·뒤쪽 옷깃, 커프스를 각각 안끼리 맞닿게 반으로 접어서 다리미로 누른다. 밑단 시접은 다려서 2cm 접는다. ▶page. 37 참조

4 앞쪽 목둘레선, 소맷부리의 접박기 주름을 접는다.

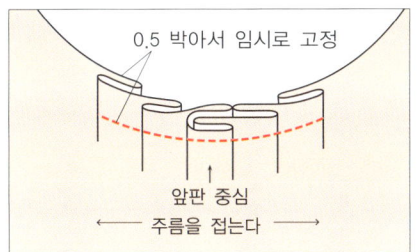

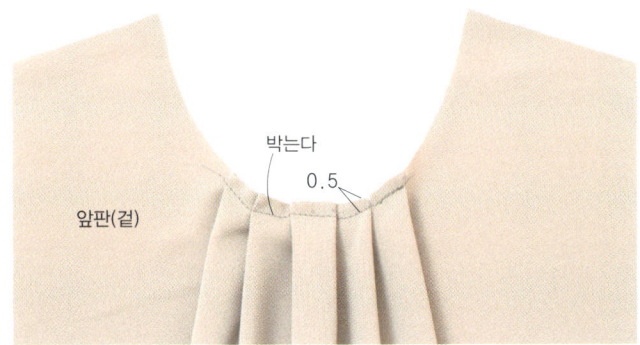

① 앞쪽 목둘레선의 접박기 주름을 옷본에 표시된 방향으로 접고 시접 안쪽을 직선박기하여 임시로 고정한다.

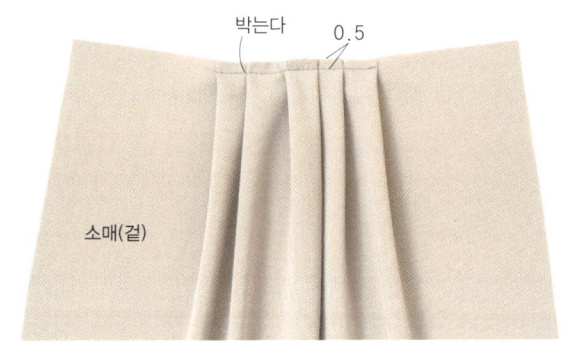

② 소맷부리의 접박기 주름을 옷본에 표시된 방향으로 접고 시접 안쪽을 직선박기하여 임시로 고정한다.

5 어깨선을 박는다.

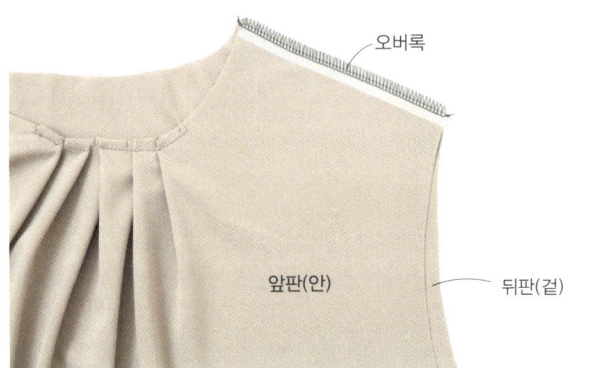

앞·뒤판 어깨선을 겉끼리 맞대고 오버록한다. 시접은 뒤쪽으로 넘긴다.

6 옷깃을 만든다.

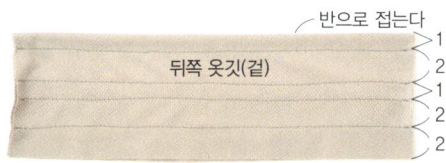

① 반으로 접은 뒤쪽 옷깃에 직선박기를 4줄 하여 고무줄 통로를 만든다. 옷감이 비틀리지 않도록 같은 방향으로 박는다.

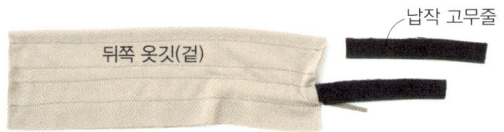

고무줄 치수 11/12/13/14(시접 포함) 2줄

② 납작 고무줄을 2등분하여 2cm 폭으로 박은 통로 2군데에 끼운다.

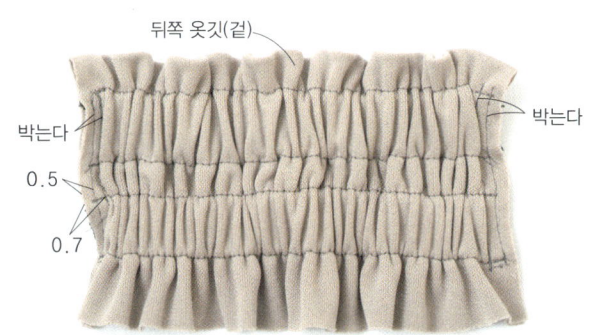

③ 한쪽 가장자리를 직선박기로 2줄 박아서 고정한다. 납작 고무줄 길이로 옷깃을 줄이고 다른 한쪽 가장자리도 2줄 박아서 고정한다.

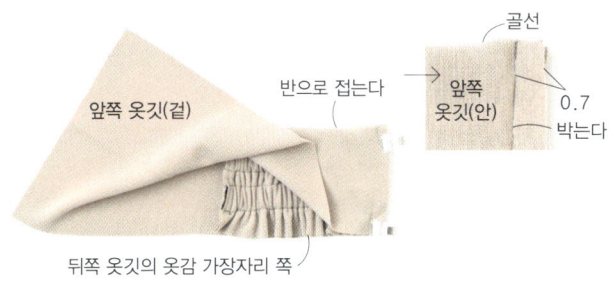

④ 앞쪽 옷깃을 겉끼리 맞닿게 반으로 접어서 뒤쪽 옷깃을 끼우고, 한쪽 가장자리를 맞춰서 직선박기한다.

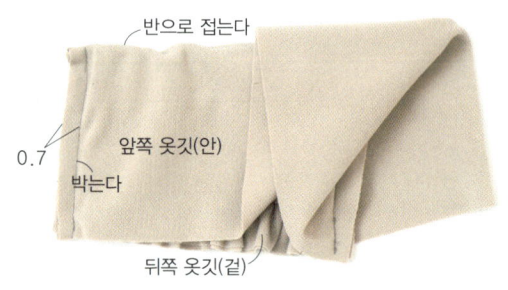

⑤ 앞쪽 옷깃과 뒤쪽 옷깃의 다른 한쪽 가장자리도 겉끼리 맞대고 직선박기한다.

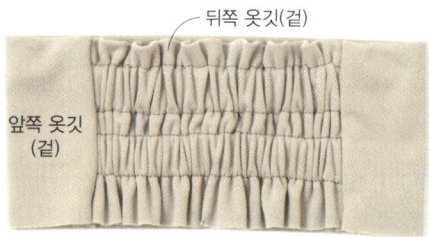

⑥ 앞쪽 옷깃을 겉으로 뒤집고 모양을 정리한다.

7 옷깃을 단다.

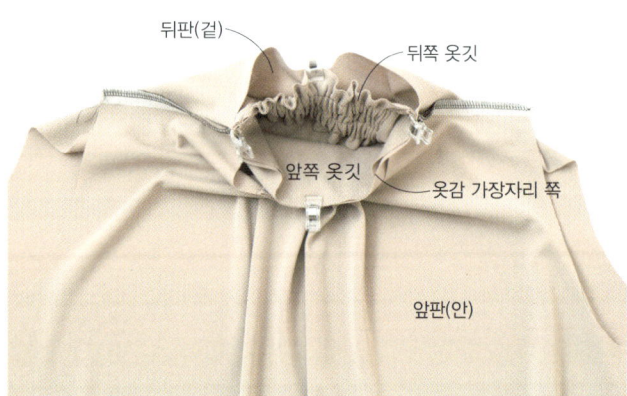

① 몸판의 목둘레와 옷깃을 겉끼리 맞대고 맞춤 표시를 맞춰서 시침클립으로 고정한다.

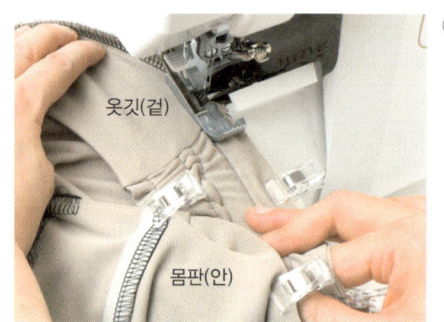

② 옷깃을 위로 오게 놓고(안쪽을 들여다보며) 몸판의 목둘레선 치수에 맞도록 옷깃을 당겨서 늘이며 오버록한다.

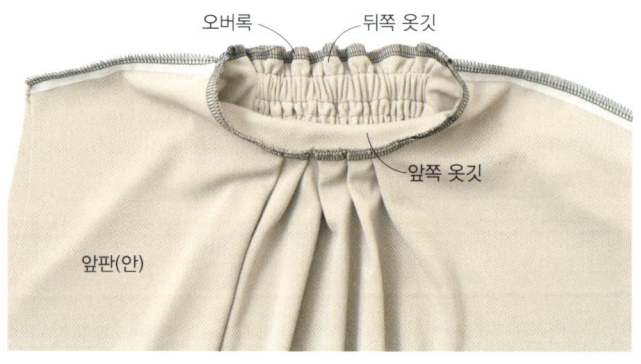

③ 옷깃을 세워서 겉으로 뒤집는다.

8 소매를 단다.

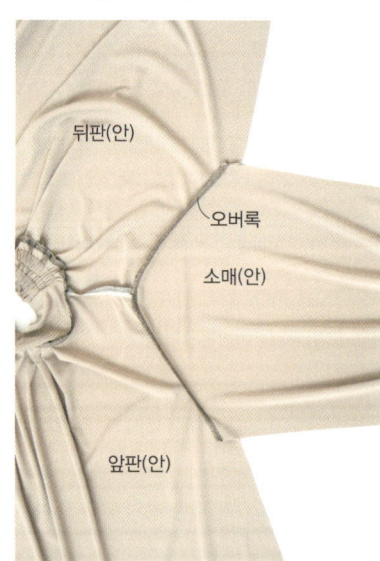

몸판의 진동둘레와 소매를 겉끼리 맞대고 오버록한다.

9 소매 옆선~몸판 옆선을 박는다.

소매 다는 선의 시접은 앞뒤에서 서로 엇갈리게 넘기고, 앞·뒤판의 소매 옆선~몸판 옆선을 겉끼리 맞대어 계속하여 오버록한다. 시접은 뒤쪽으로 넘긴다.

10 커프스를 만들어서 단다.

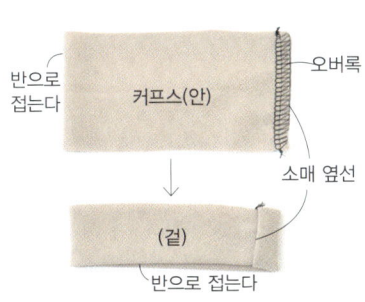

① 커프스의 접음선을 펴서 소매 옆선을 겉끼리 맞대고 오버록한 뒤에 안끼리 맞닿게 반으로 접는다. 시접은 서로 엇갈리게 넘긴다. 다른 1장도 같은 방법으로 만든다.

> page. 48 **9** 참조

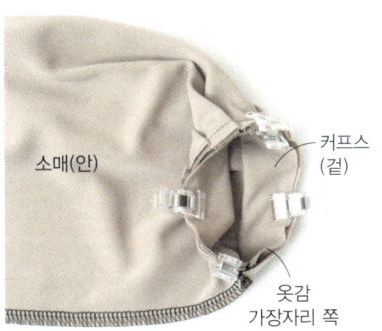

② 소맷부리와 커프스를 겉끼리 맞대고 맞춤 표시를 맞춰서 시침 클립으로 고정한다.

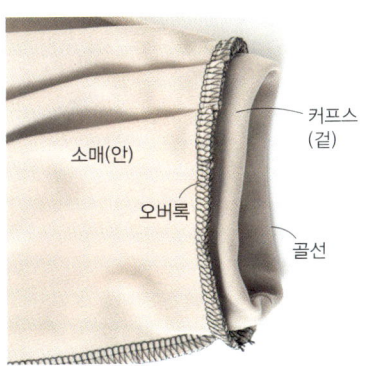

③ 오버록하고 커프스를 끌어내어 모양을 정리한다.

11 밑단을 처리한다.

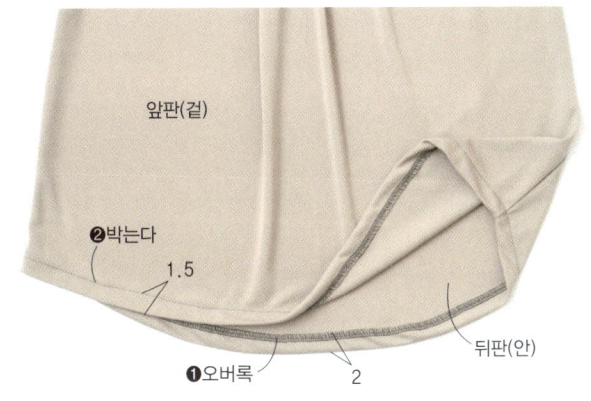

밑단 시접 가장자리를 오버록하고 시접을 접어서 직선박기한다.

완성

C² 스탠드칼라 셔츠

→ photo / page. 11

[실물 크기 옷본 2면]

[완성 치수(cm)]

	S	M	L	LL
전체 길이	71.5	72.5	73.5	74.5
가슴둘레	115	121	127	133
어깨너비	40	41	42	43
소매 길이	53	53.5	54	54.5
소맷부리	23	24	25	26

[재료]

사용 옷감: 구라이 무키 체인 135cm 폭

옷감 필요량	S	M	L	LL
110cm 폭	210	210	210	210
130cm 폭	210	210	210	210
150cm 폭	150	150	150	150

부자재 *S·M·L·LL 공통	필요량·수량
접착심지(35cm 폭)	90cm
늘어남 방지 접착테이프(12mm 폭)	140cm

[옷감을 마름질하는 법] * ▭ 는 뒷면에 접착심지, 늘어남 방지 접착테이프를 붙인다.

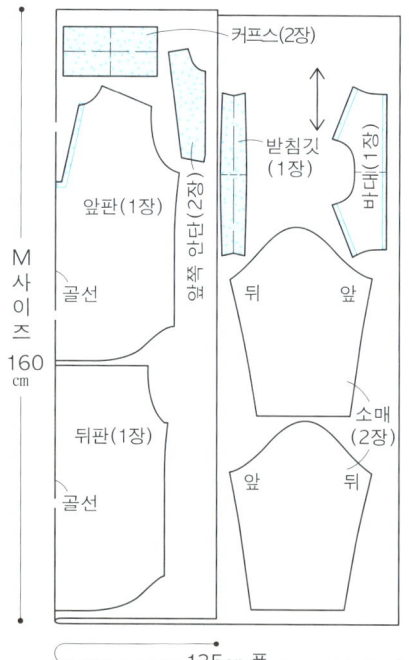

1 옷감을 마름질하여 표시한다.

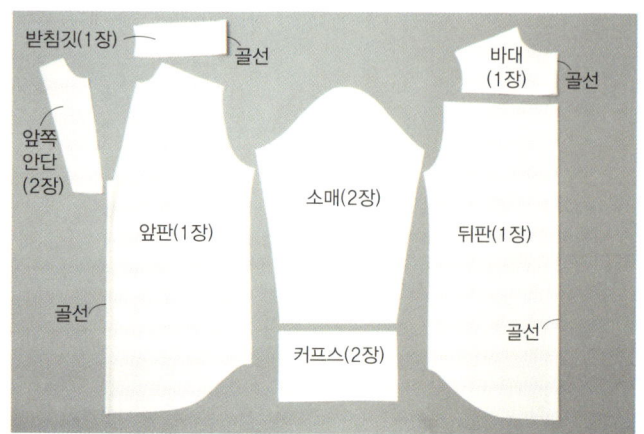

옷본을 만들어서 사진처럼 옷감을 마름질하고 필요한 표시를 한다.
>page. 37 참조

* 알아보기 쉽도록 무늬 없는 옷감을 사용하여 설명합니다.

2 접착심지, 접착테이프를 붙인다.

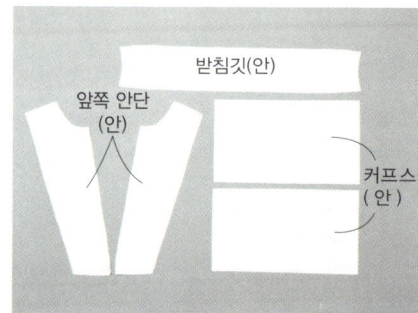

앞쪽 안단, 받침깃, 커프스 안쪽에 접착심지를 붙인다.
>page. 37 참조

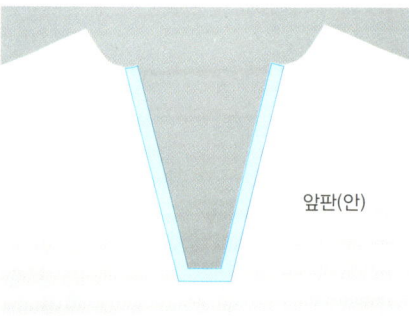

앞판의 트임 부분, 바대의 어깨선과 아래 가장자리 안쪽에 늘어남 방지 접착테이프를 붙인다.

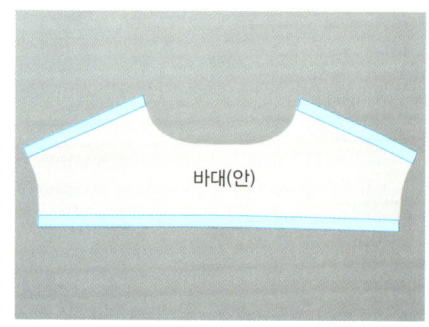

3 받침깃, 커프스, 몸판 밑단을 완성선에서 접는다.

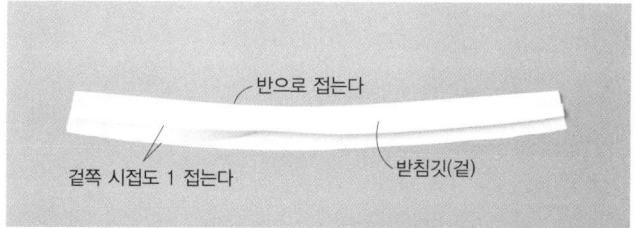

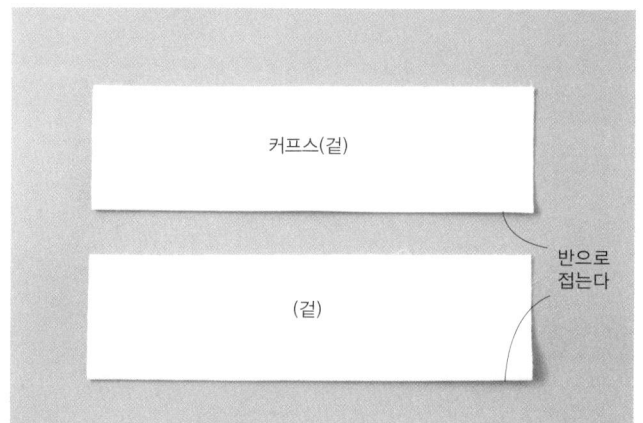

받침깃과 커프스를 사진처럼 접고 다려서 누른다. 앞·뒤판 밑단 시접을 다려서 1.2cm 접는다. >page. 37 참조

4 옷감 가장자리에 오버록한다.

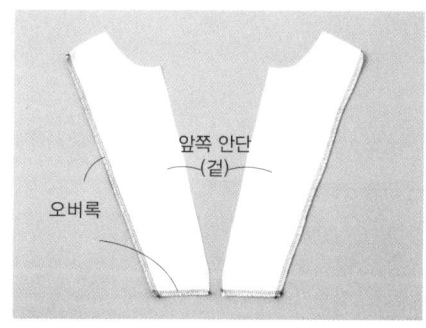

앞쪽 안단 가장자리와 밑단, 앞·뒤판 밑단 시접 가장자리를 오버록한다.

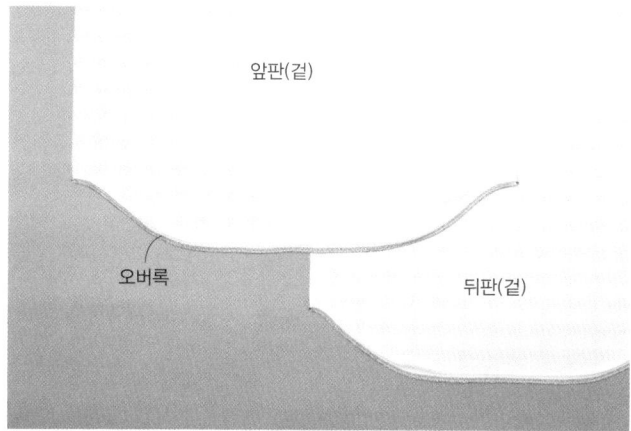

5 앞판에 안단을 달고 접박기 주름을 접는다.

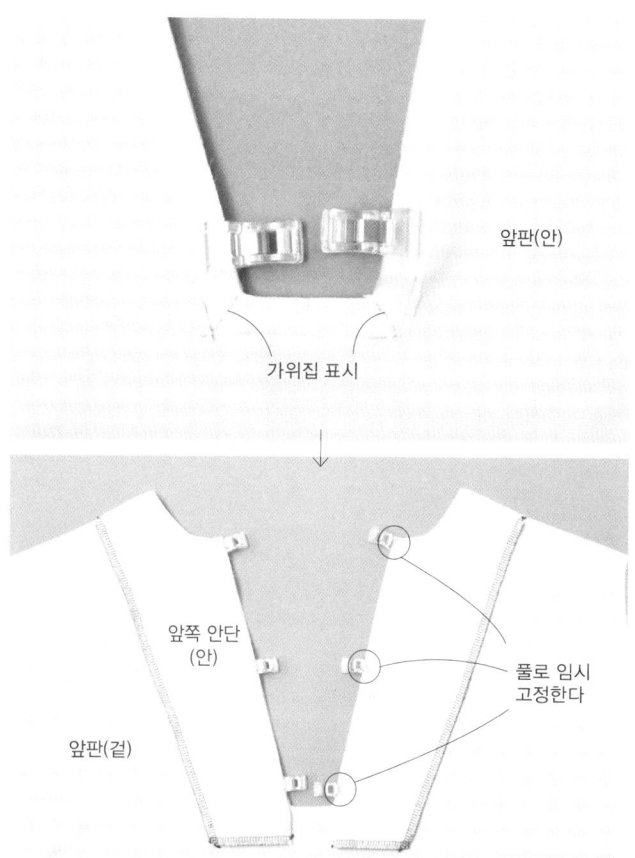

① 앞판의 트임 모서리에 초크 펜으로 비스듬히 가위집 표시를 한다. 앞쪽 안단을 몸판과 겉끼리 맞닿게 올리고, 시접의 포인트를 패브릭 풀로 임시 고정한 뒤 시침 클립으로 고정한다.

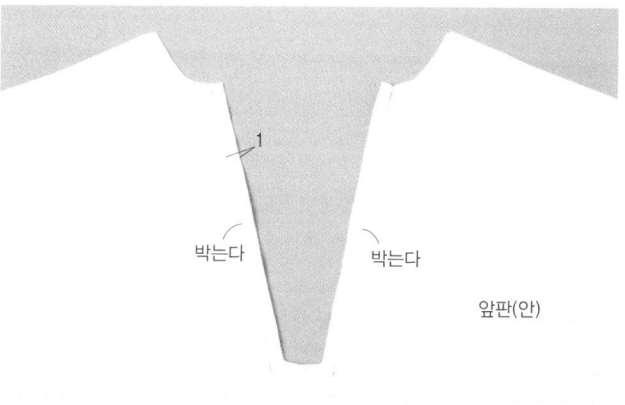

② 트임의 양 옆선을 앞판 쪽에서 직선박기한다.

③ ①에서 표시한 트임의 모서리에 앞판 시접에만 가위집을 넣는다.

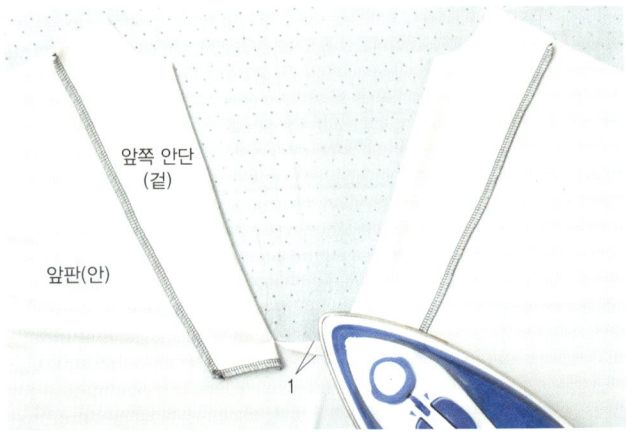

④ 앞쪽 안단을 몸판 안쪽으로 접어서 넘기고 모양을 정리한 뒤에 트임의 아래 가장자리 시접을 접는다.

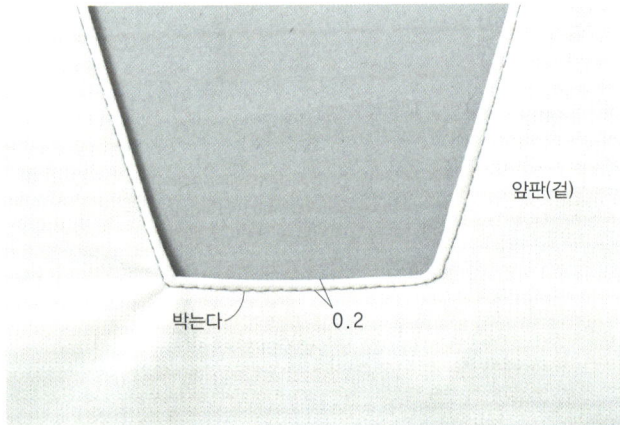

⑤ 앞판의 겉에서 트임 바로 옆을 직선박기하여 안단을 누른다.

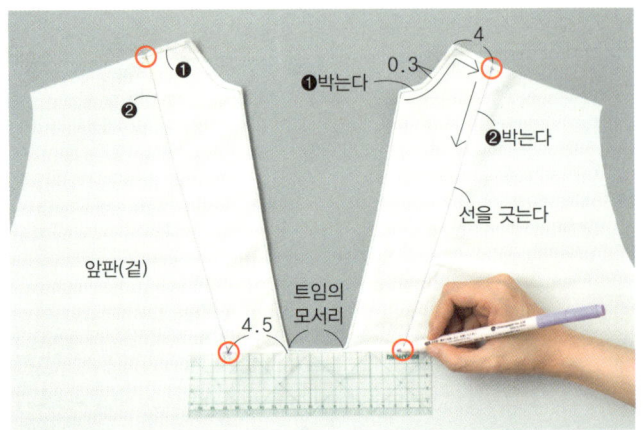

⑥ 앞쪽 안단의 목둘레선~어깨선을 직선박기한다. 트임의 모서리에서부터 옆선 방향으로 4.5cm 위치와 어깨선의 목둘레선에서부터 4cm 위치에 초크 펜으로 표시하고 이 두 표시를 연결한 선 위를 겉쪽에서 박는다.

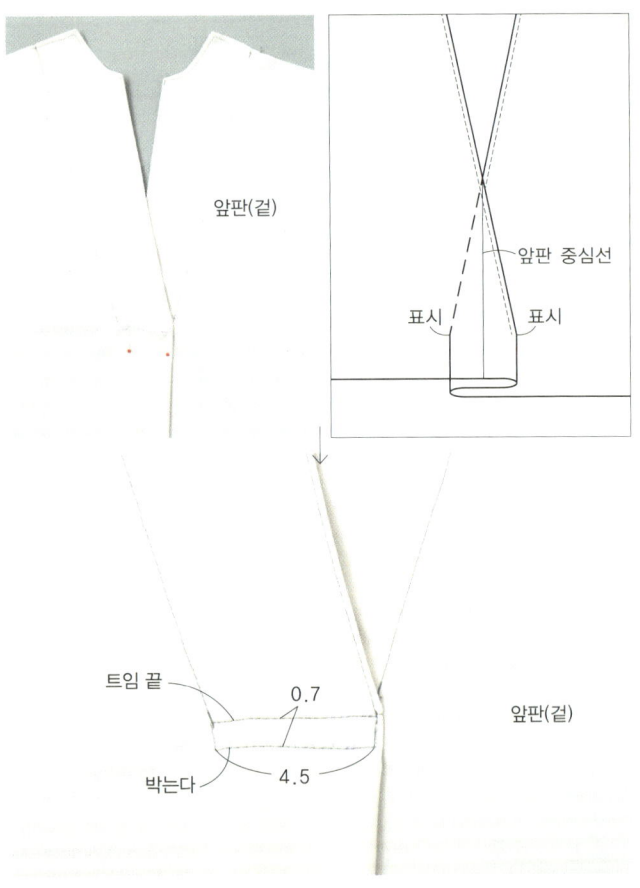

⑦ ⑥의 표시와 트임의 모서리를 맞대고 오른쪽 앞판을 위로 오게 접어서 트임 끝을 직사각형 모양으로 직선박기하여 누른다.

6 뒤판의 접박기 주름을 접는다.

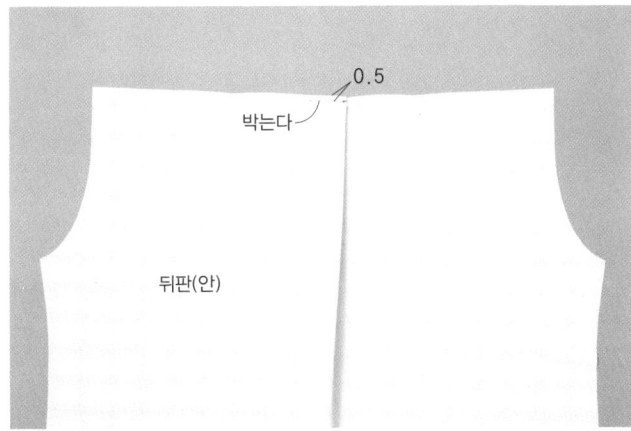

뒤판 중심의 접박기를 옷본에 표시된 방향으로 접고 시접에 직선박기하여 임시로 고정한다.

7 앞·뒤판과 바대를 박는다.

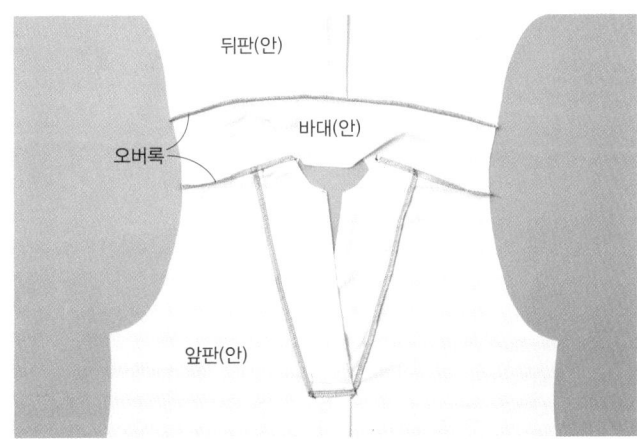

① 앞판과 바대, 뒤판과 바대를 각각 겉끼리 맞대고 오버록한다.

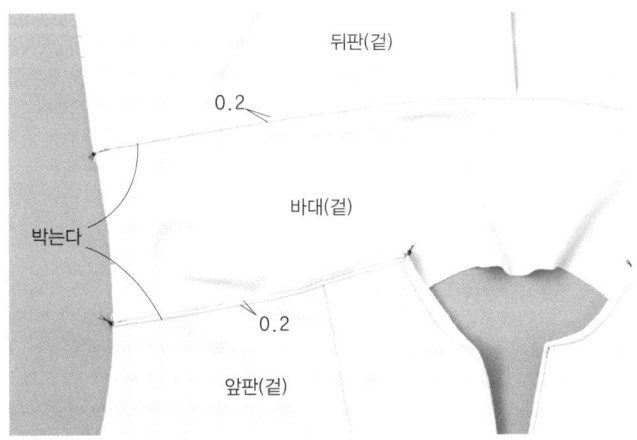

② 시접을 바대 쪽으로 넘기고 봉제선 바로 옆을 직선박기하여 시접을 누른다.

8 받침깃을 만들어서 단다.

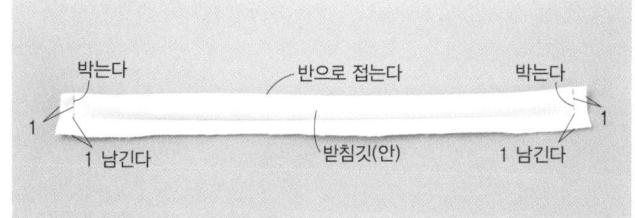

① 받침깃을 겉끼리 맞닿게 반으로 접고, 목둘레선 쪽 시접을 남기고 양 끝을 직선박기한다.

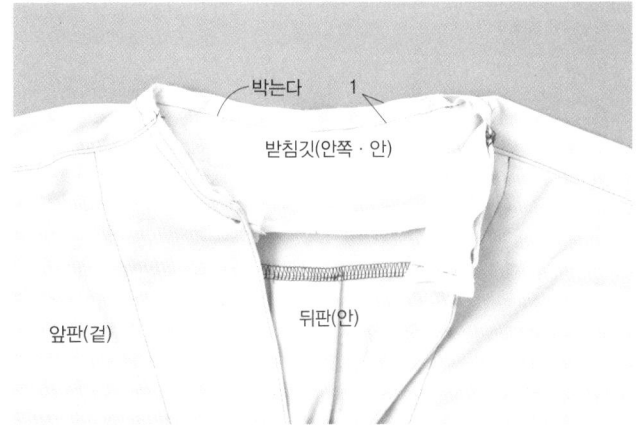

② 몸판의 안쪽 목둘레에 받침깃을 겉끼리 맞닿게 대고 직선박기한다.

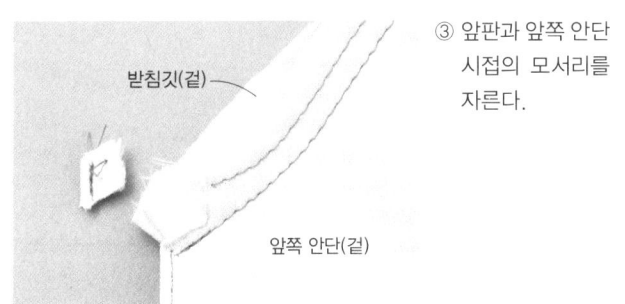

③ 앞판과 앞쪽 안단 시접의 모서리를 자른다.

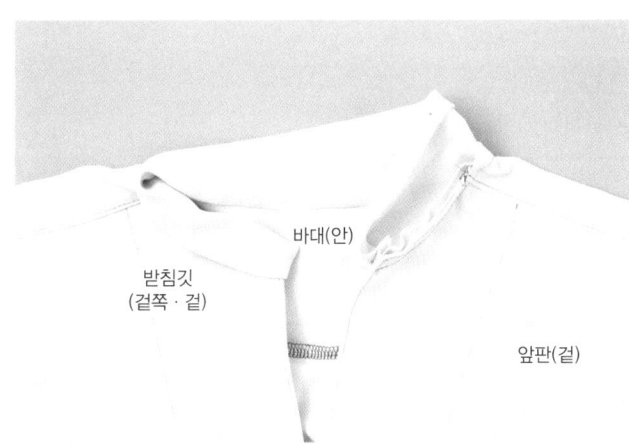

④ 받침깃을 세워서 겉쪽 시접을 다시 접고 목둘레선 시접에 덮어서 모양을 정리한다.

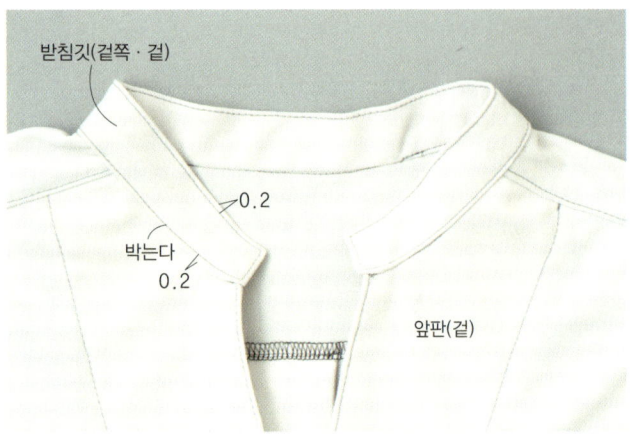

⑤ 받침깃의 겉쪽 목둘레선 바로 옆을 직선박기하고, 계속하여 깃 둘레의 바로 옆도 박는다.

9 소매를 달고 소매 옆선~몸판 옆선을 박는다.

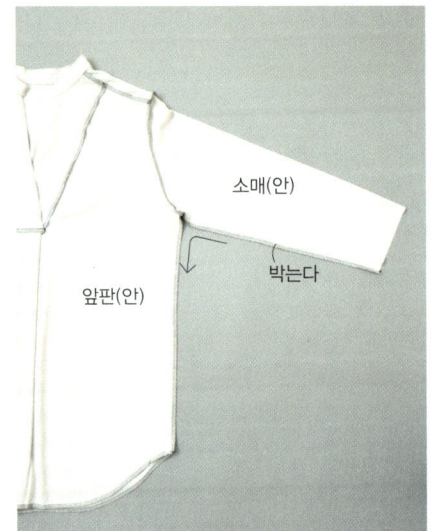

>page. 70 8, 9 참조

10 커프스를 만들어서 단다.

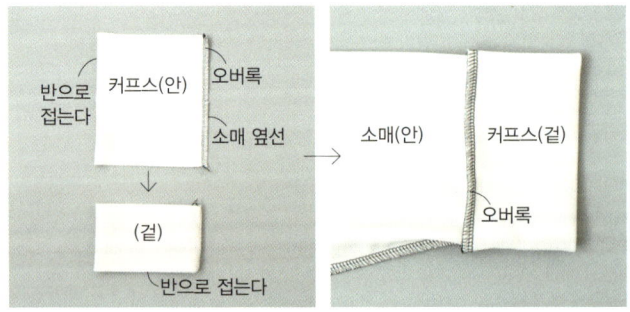

커프스의 소매 옆선을 겉끼리 맞닿게 반으로 접어서 오버록한다. 안끼리 맞닿게 커프스를 다시 접고, 소맷부리와 커프스를 겉끼리 맞대어 오버록한다. 커프스를 끌어내어 모양을 정리한다. >page. 71 10 참조

11 밑단을 처리한다.

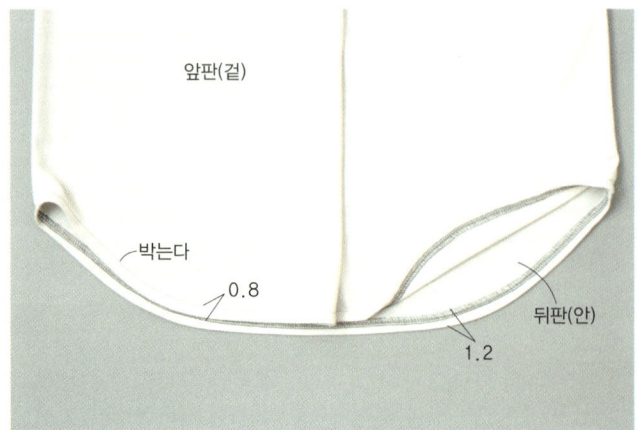

밑단 시접을 접어서 직선박기한다.

완성

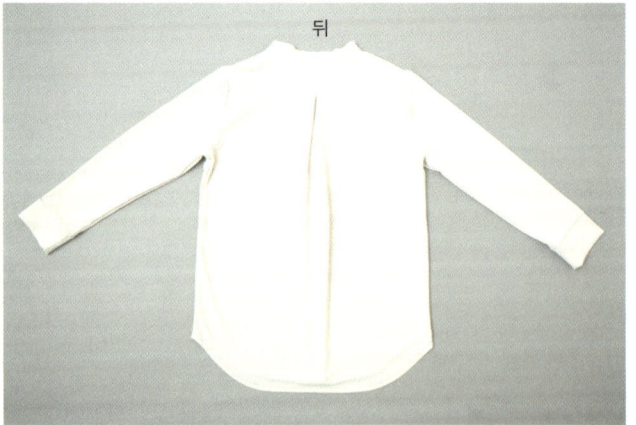

C¹ 스탠드칼라 셔츠원피스

→ photo / page. 10

[실물 크기 옷본 2면]

[완성 치수(cm)]

	S	M	L	LL
전체 길이	111.5	112.5	113.5	114.5
가슴둘레	115	121	127	133
어깨너비	40	41	42	43
소매 길이	53	53.5	54	54.5
소맷부리	23	24	25	26

[재료]

사용 옷감: 코튼 브랜드 니트 시어서커 130cm 폭

옷감 필요량	S	M	L	LL
110cm 폭	270	270	270	270
130cm 폭	250	250	250	250
150cm 폭	220	220	220	220

부자재 *S·M·L·LL 공통	필요량·수량
접착심지(35cm 폭)	90cm
늘어남 방지 접착테이프(12mm 폭)	140cm

[옷감을 마름질하는 법] * ▭ 는 뒷면에 접착심지, 늘어남 방지 접착테이프를 붙인다.

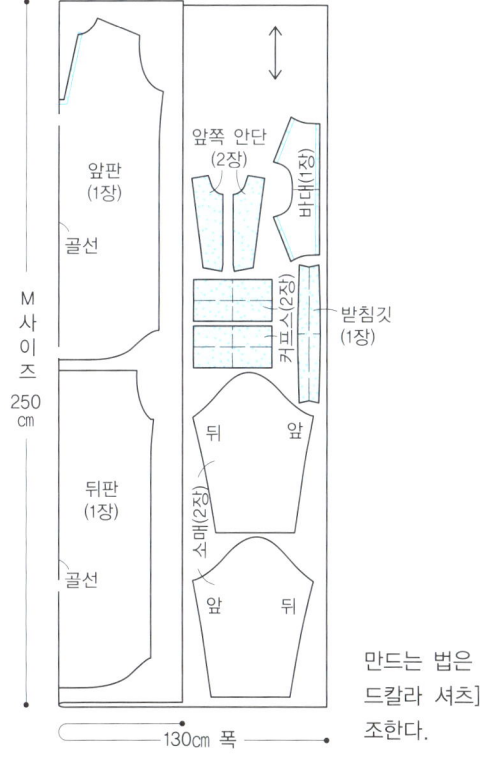

만드는 법은 P.72 [C² 스탠드칼라 셔츠]의 1~11을 참조한다.

K¹ 롱조끼

→ photo / page. 26

[실물 크기 옷본 6면]

[완성 치수(cm)]

	S	M	L	LL
전체 길이	86.5	87.5	88.5	89.5
가슴둘레	96	102	108	114
어깨너비	33	34.5	36	37.5

[재료]

사용 옷감: 강연 저지 135cm 폭

옷감 필요량	S	M	L	LL
110cm 폭	210	210	210	250
130cm 폭	200	200	230	230
150cm 폭	190	190	200	200

부자재 *S·M·L·LL 공통	필요량·수량
접착심지(35cm 폭)	230cm
면 테이프(12mm 폭)	30cm
똑딱단추(지름 25mm)	1쌍

[옷감을 마름질하는 법] * ▭ 는 뒷면에 접착심지를 붙인다.

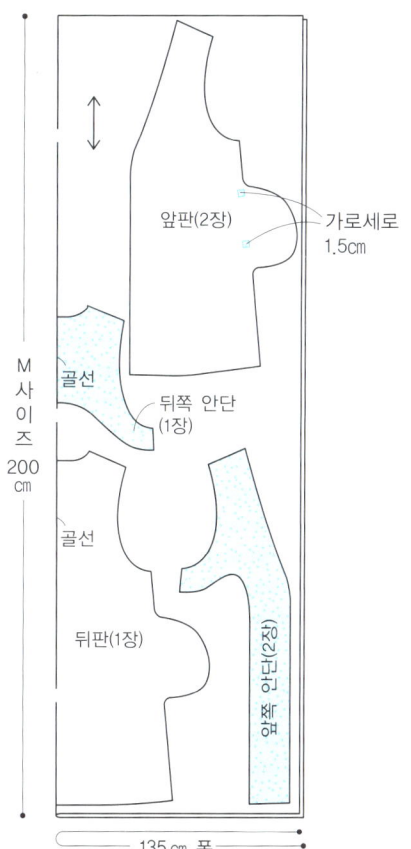

1 옷감을 마름질하여 표시한다.

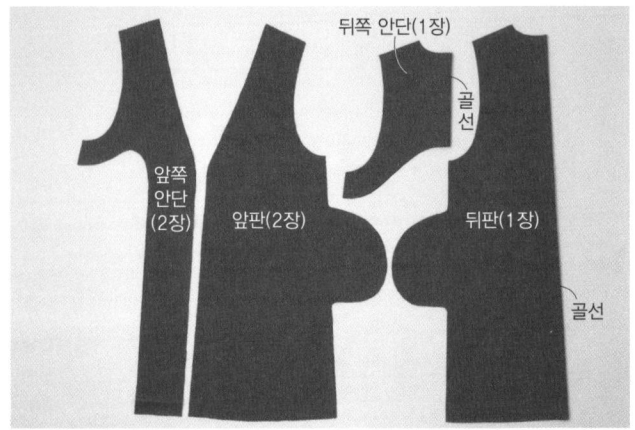

옷본을 만들어서 사진처럼 옷감을 마름질하고 필요한 표시를 한다.
>page. 37 참조
*알아보기 쉽도록 다른 색 옷감을 사용하여 설명합니다.

2 접착심지, 접착테이프를 붙인다.

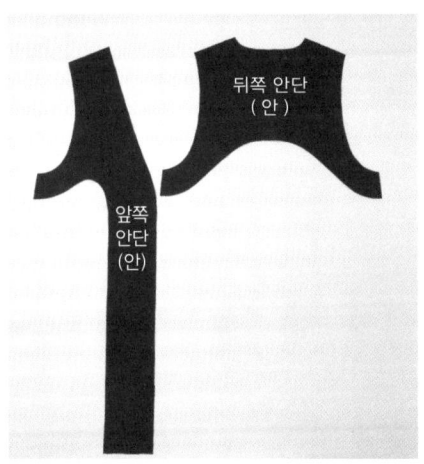

앞·뒤쪽 안단, 주머니 입구의 위아래 끝에 접착심지를 붙인다.
>page. 37 참조

3 밑단을 완성선에서 접는다.

밑단 시접을 다려서 3cm 접는다. >page. 37 참조

4 옷감 가장자리에 오버록한다.

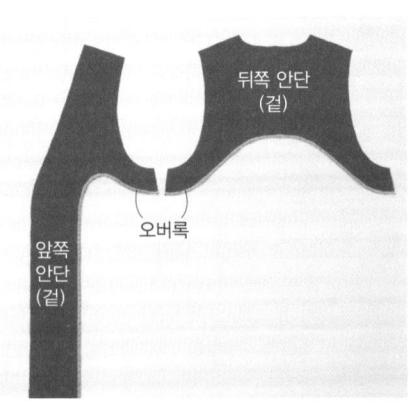

앞·뒤쪽 안단의 가장자리를 오버록한다.

5 몸판, 안단의 어깨선을 각각 박는다.

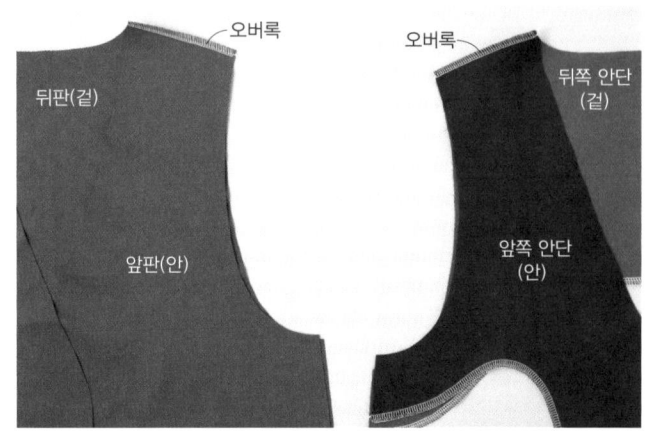

앞·뒤판 어깨선을 겉끼리 맞대어 오버록하고 시접은 뒤쪽으로 넘긴다. 앞·뒤쪽 안단도 어깨선을 겉끼리 맞대어 오버록하고 시접은 앞쪽으로 넘긴다.

6 안단을 단다.

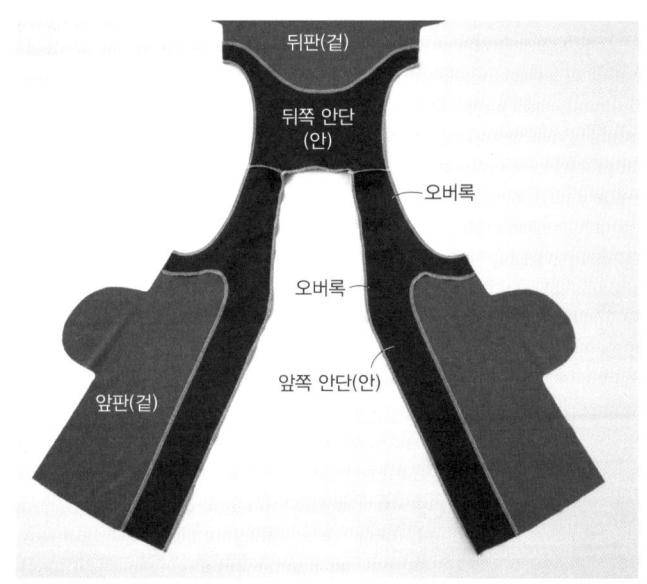

① 앞·뒤판과 앞·뒤쪽 안단을 겉끼리 맞대고 앞판 끝선~목둘레선과 진동둘레를 오버록한다.

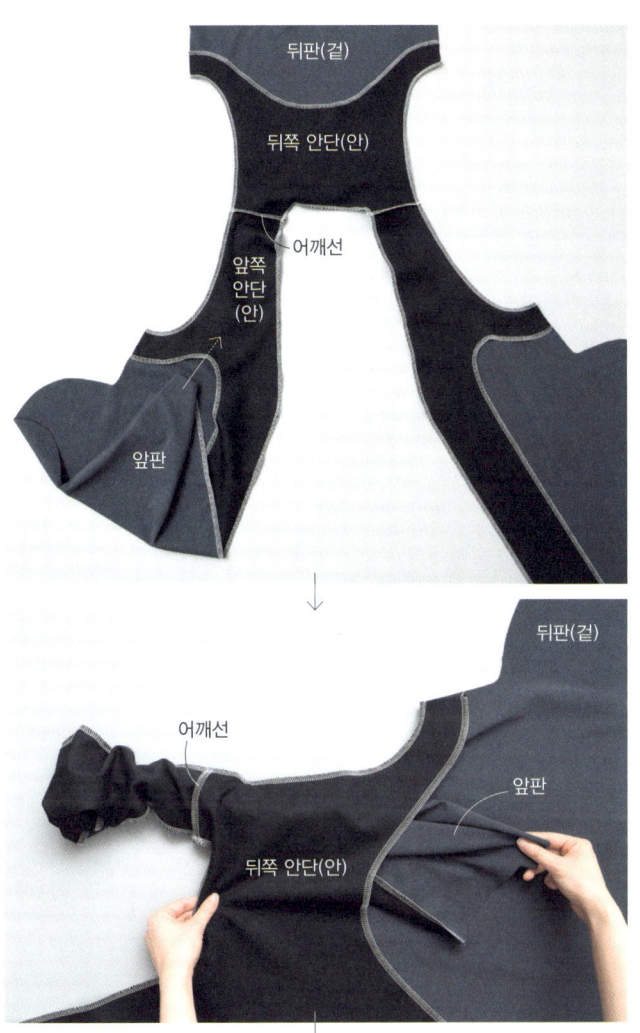

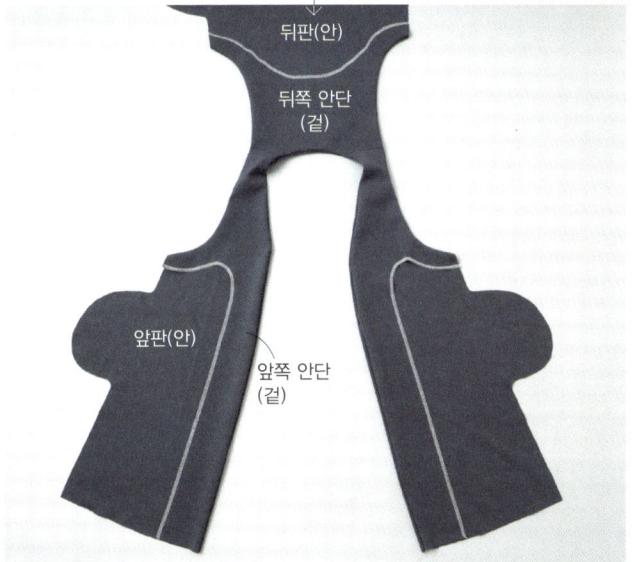

② 앞판과 앞쪽 안단을 어깨선에서 뒤쪽으로 끌어내어 겉으로 뒤집고 모양을 정리한다.

7 옆선을 박는다.

앞·뒤쪽 안단과 앞·뒤판의 옆선을 겉끼리 맞대고 계속하여 오버록한다.

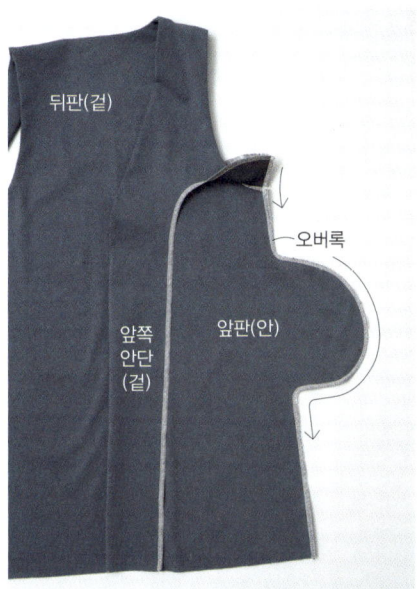

8 주머니 입구를 박는다.

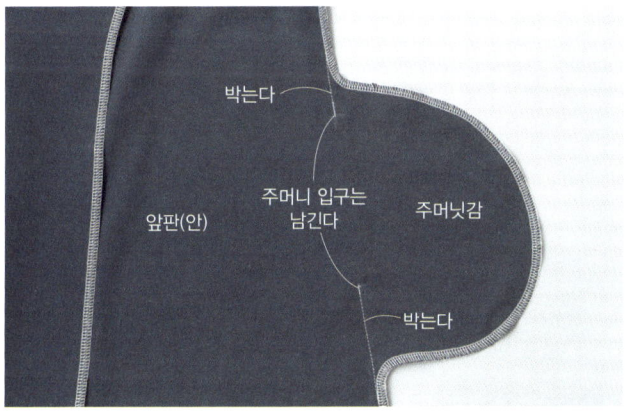

① 주머니 입구의 위아래 끝을 옆선 솔기에서 이어지듯이 직선박기한다.

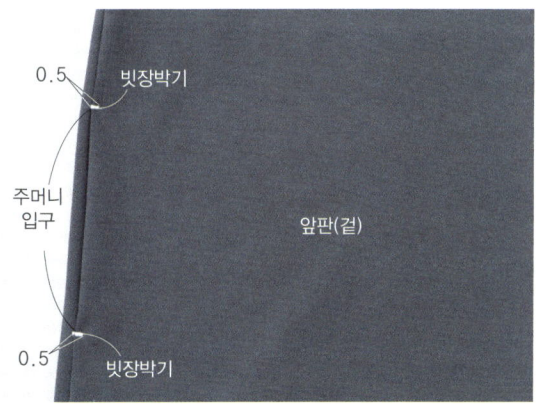

② 겉으로 뒤집어서 주머닛감을 앞판 쪽으로 넘기고, 주머니 입구 위아래 끝에 빗장박기(박음질 폭 2.6mm, 바늘땀 길이 0.2cm로 설정한 지그재그박기)를 하여 보강한다.

9 밑단을 처리한다.

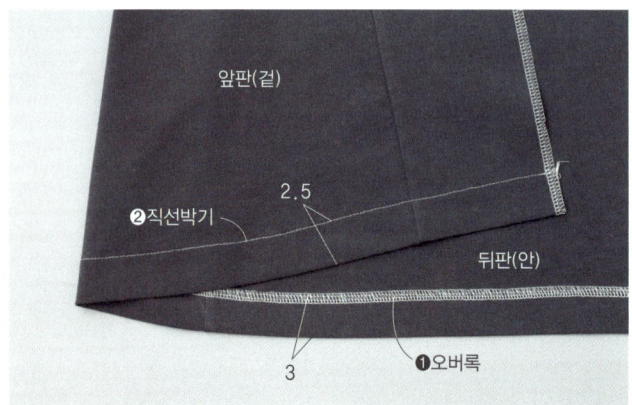

밑단 시접 가장자리를 오버록하고 완성선에서 다시 접어서 직선박기 한다.

10 앞판 끝선~목둘레선, 진동둘레에 스티치한다.

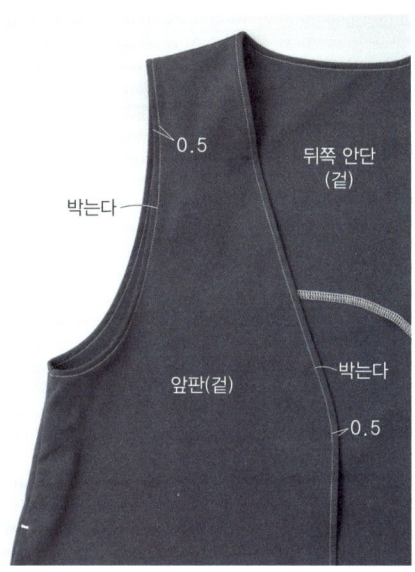

앞판 끝선~목둘레선의 가장자리를 계속하여 직선박기하여 안단을 누른다. 진동둘레 가장자리도 직선박기하여 안단을 누른다.

11 안단 가장자리를 박는다.

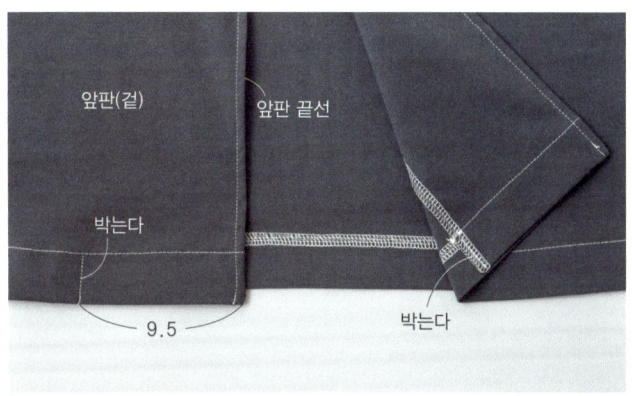

앞쪽 안단의 아래 가장자리를 직선박기한다.

12 주머닛감을 고정한다.

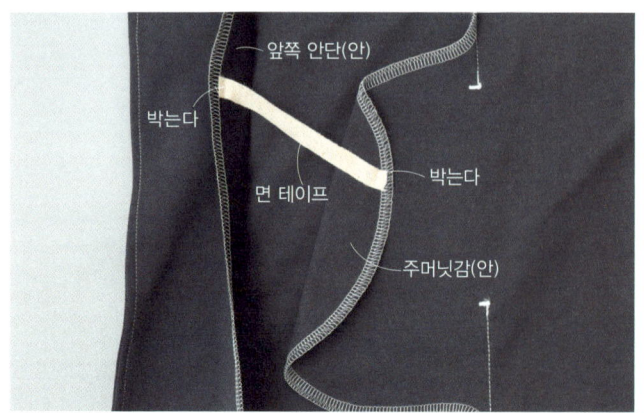

입었을 때 주머니의 주머닛감이 앞쪽으로 기울어지도록 주머닛감과 앞쪽 안단 가장자리의 고정 위치에 면 테이프(15cm)를 직선박기하여 단다.

13 똑딱단추를 단다.

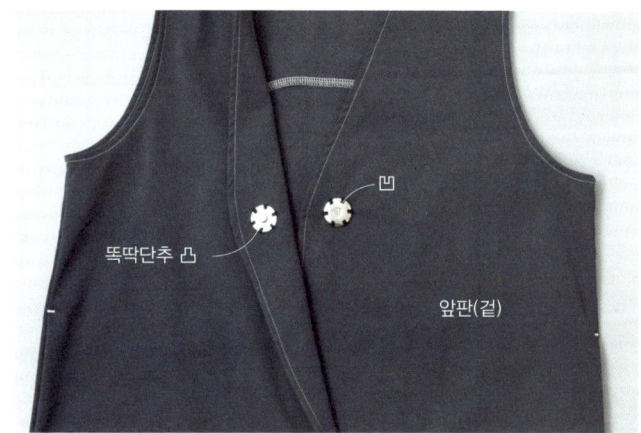

앞판의 단추 다는 위치에 똑딱단추를 단다.

완성

K² 점퍼스커트 스타일 롱조끼

→ photo / page. 27

[실물 크기 옷본 6면]

[완성 치수(cm)]

	S	M	L	LL
전체 길이	106.5	107.5	108.5	109.5
가슴둘레	96	102	108	114
어깨너비	33	34.5	36	37.5

[재료]

사용 옷감: 하프 하이텐션 155cm 폭

옷감 필요량	S	M	L	LL
110cm 폭	320	320	320	320
130cm 폭	280	280	280	280
150cm 폭	190	190	190	210

부자재 *S·M·L·LL 공통	필요량·수량
접착심지(35cm 폭)	90cm
늘어남 방지 접착테이프(12mm 폭)	110cm

[옷감을 마름질하는 법] * ☐ 는 뒷면에 접착심지, 늘어남 방지 접착테이프를 붙인다.

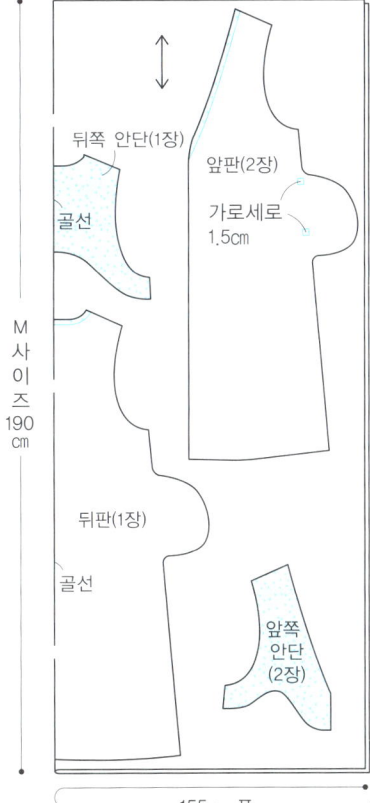

만드는 법은 P.78 [K¹ 롱조끼]의 1~9를 참조한다.

1 옷감을 마름질하여 표시한다.
옷본을 만들어서 사진처럼 옷감을 마름질하고 필요한 표시를 한다. >page. 37 참조

2 접착심지, 접착테이프를 붙인다.
앞·뒤쪽 안단의 안쪽에 접착심지, 앞·뒤판 목둘레선 안쪽에 늘어남 방지 접착테이프를 붙인다. >page. 37 참조

3 밑단을 완성선에서 접는다.
밑단 시접을 다려서 3cm 접는다. >page. 37 참조

4 옷감 가장자리를 오버록한다.

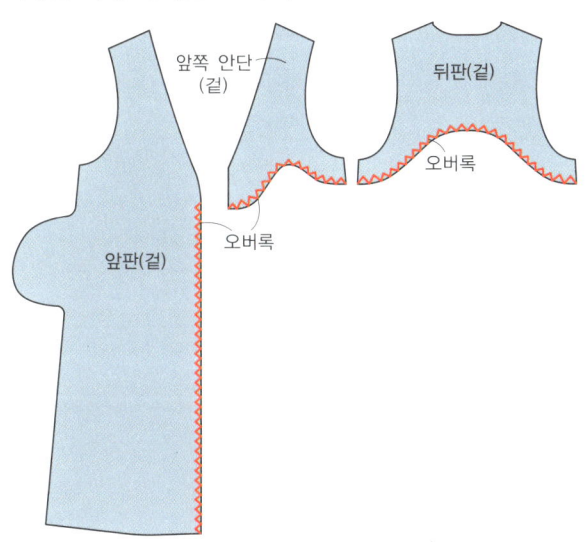

앞판의 앞판 중심선 시접 가장자리, 앞·뒤쪽 안단 가장자리를 오버록한다.

5 몸판, 안단의 어깨선을 각각 박는다.
>page. 78 5 참조

6 안단을 단다.

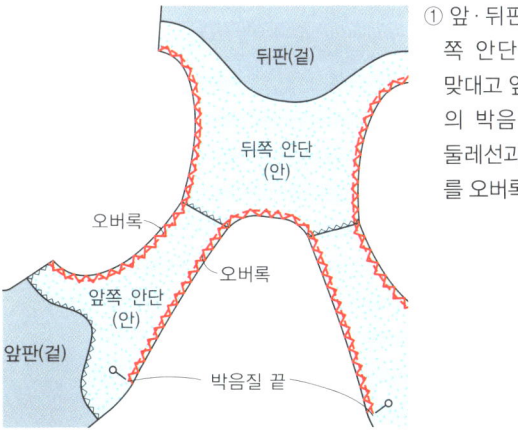

① 앞·뒤판과 앞·뒤쪽 안단을 겉끼리 맞대고 앞판 중심선의 박음질 끝~목둘레선과 진동둘레를 오버록한다.

② 앞판과 앞쪽 안단을 어깨선에서 뒤쪽으로 끌어내어 겉으로 뒤집고 모양을 정리한다. >page. 78 6 참조

7 앞판 중심선을 박는다.

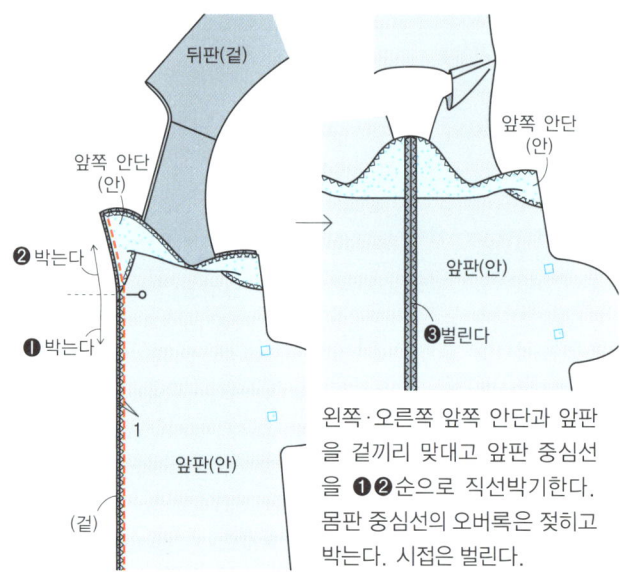

왼쪽·오른쪽 앞쪽 안단과 앞판을 겉끼리 맞대고 앞판 중심선을 ❶❷순으로 직선박기한다. 몸판 중심선의 오버록은 젖히고 박는다. 시접은 벌린다.

8 옆선을 박는다.

9 주머니 입구를 박는다. > page. 79 7～8、page. 80 9 참조

10 밑단을 처리한다.

11 목둘레선, 진동둘레에 스티치한다.

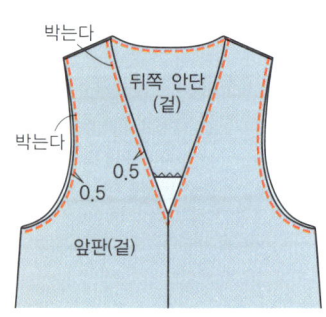

목둘레선과 진동둘레 바로 옆을 직선박기하여 안단을 누른다.

L¹ L² 래글런 재킷

→ photo / page. 28, 30

[실물 크기 옷본 3、4면]

[완성 치수(cm)]

	S	M	L	LL
전체 길이	52	53	54	55
가슴둘레	99	105	111	117
화장 길이	67	68.5	70	71.5
소맷부리	34.5	36.5	38.5	40.5

[재료]

사용 옷감: L¹ 고밀도 분또 165cm 폭
　　　　　L² 러셀 트위드 130cm 폭

옷감 필요량	S	M	L	LL
110cm 폭	210	210	210	210
130cm 폭	170	170	170	170
150cm 폭	170	170	170	170

부자재 *S·M·L·LL 공통	필요량·수량
접착심지(35cm 폭)	2 m
늘어남 방지 접착테이프(12mm 폭)	180cm

[옷감을 마름질하는 법] * ▨ 는 뒷면에 접착심지, 늘어남 방지 접착테이프를 붙인다.

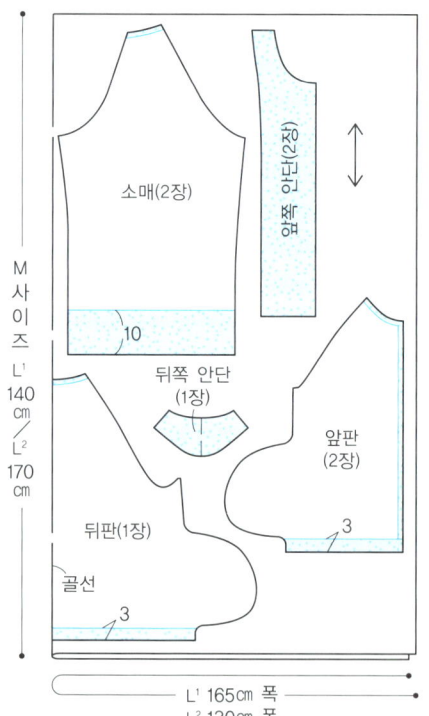

1 옷감을 마름질하여 표시한다.

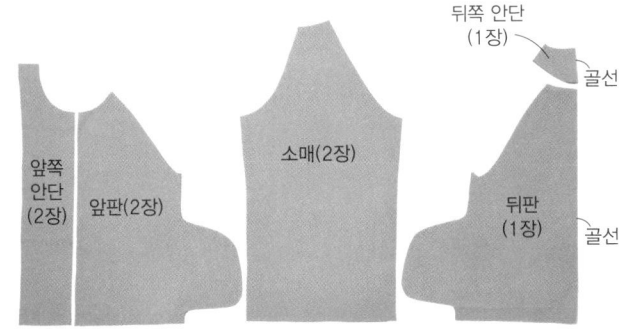

옷본을 만들어서 사진처럼 옷감을 마름질하고 필요한 표시를 한다.
>page. 37 참조
*알아보기 쉽도록 다른 색 옷감을 사용하여 설명합니다.

2 접착심지, 접착테이프를 붙인다.

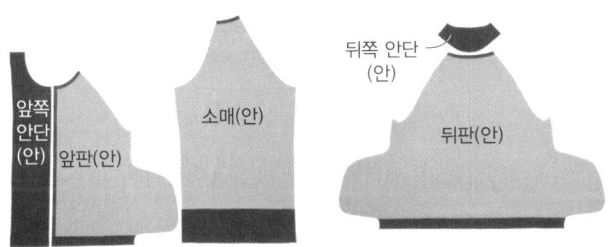

앞·뒤쪽 안단의 안쪽, 밑단과 소맷부리 시접의 안쪽에 접착심지를 붙인다. 앞판의 앞판 끝선, 앞·뒤판과 소매의 목둘레선 안쪽에 늘어남 방지 접착테이프를 붙인다. >page. 37 참조

3 소맷부리, 밑단을 완성선에서 접는다.

소맷부리는 10cm, 밑단은 3cm 시접을 다려서 접는다.
>page. 37 참조

4 안단 어깨선을 박는다.

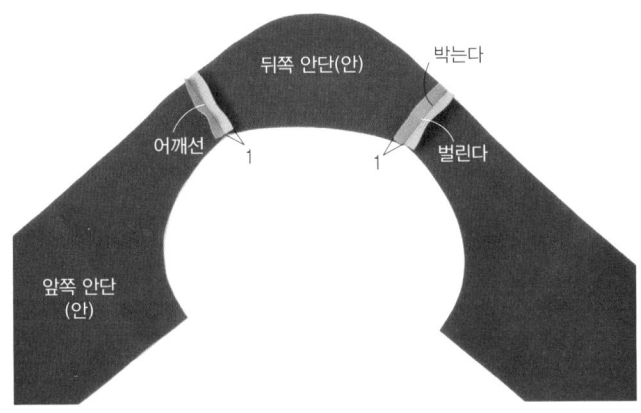

앞·뒤쪽 안단의 어깨선을 겉끼리 맞대어 직선박기하고 시접을 벌린다.

5 옷감 가장자리를 오버록한다.

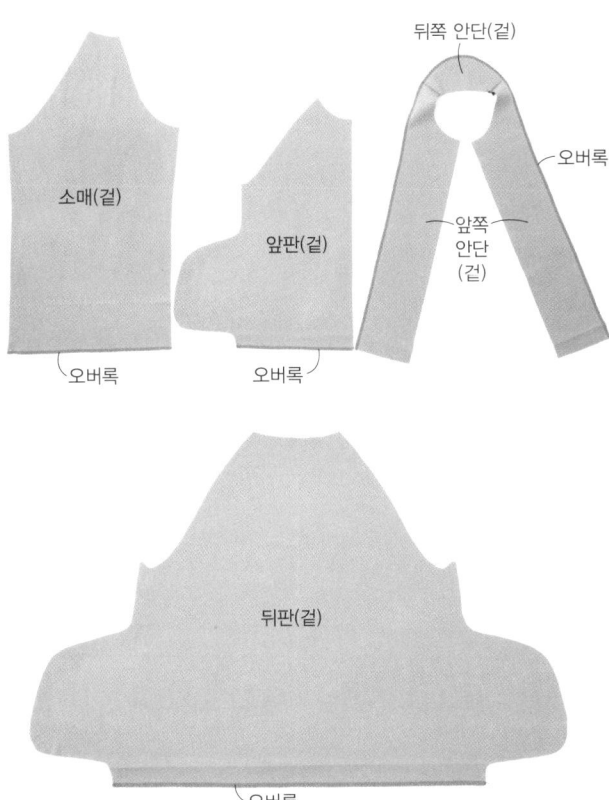

소맷부리와 앞·뒤판의 밑단 시접 가장자리, 앞·뒤쪽 안단 가장자리를 오버록한다.

6 옆선을 박는다.

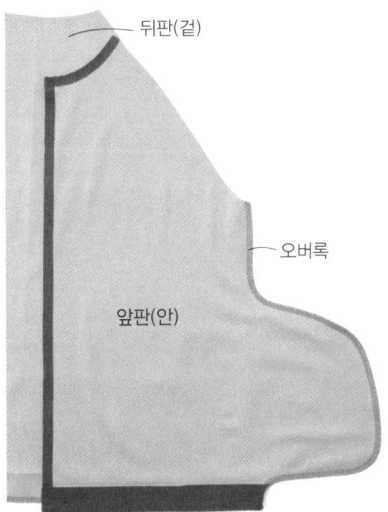

앞·뒤판 옆선을 겉끼리 맞대고 오버록한다. 시접은 앞쪽으로 넘긴다.

7 소매 옆선을 박는다.

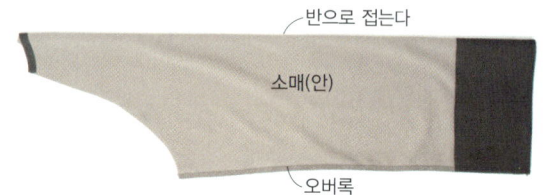

소매를 겉끼리 맞닿게 반으로 접어서 소매 옆선을 오버록한다. 시접은 뒤쪽으로 넘긴다.

8 소매를 단다.

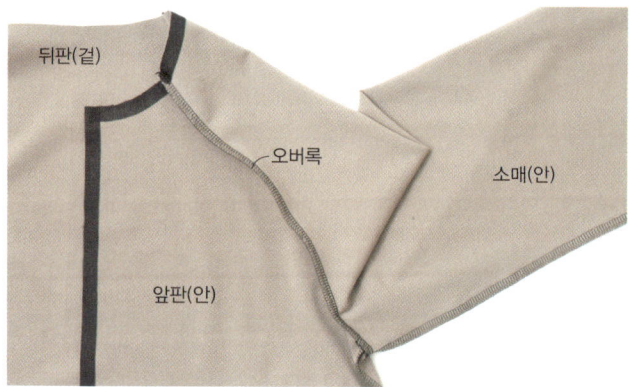

몸판과 소매의 소매 다는 선을 겉끼리 맞대고 오버록한다. 시접은 몸판 쪽으로 넘긴다. (>page. 42 8 참조)

9 주머니 입구를 박는다.

주머니 입구의 위아래 끝을 옆선 솔기에서부터 이어지듯이 직선박기한 뒤에 겉으로 뒤집어서 주머니 입구의 위아래 끝에 빗장박기를 한다.
(>page. 79 8 참조)

10 안단을 단다.

몸판과 안단의 앞판 끝선과 목둘레선을 겉끼리 맞대고 계속하여 직선박기한다. 겉으로 뒤집어서 모양을 정리한다.

11 소맷부리, 밑단을 처리한다.

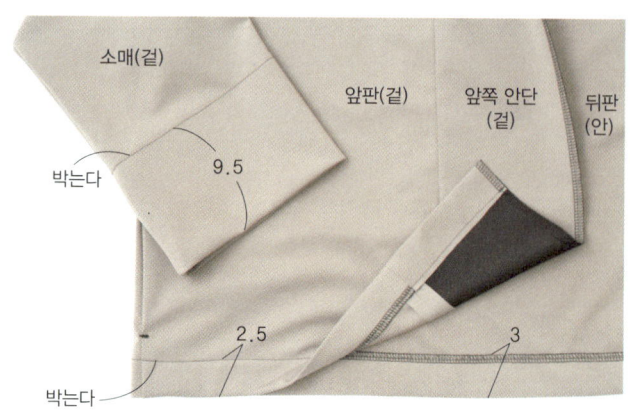

소맷부리, 밑단을 완성선에서 접어서 직선박기한다.

12 앞판 끝선~목둘레선에 스티치한다.

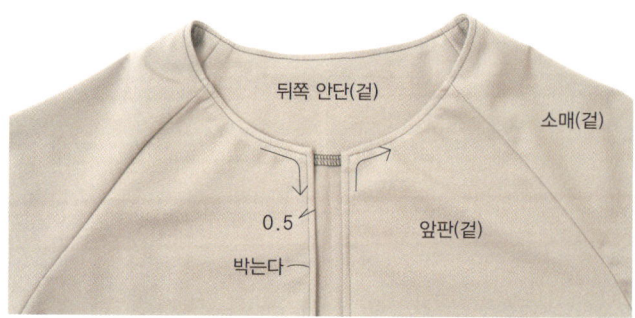

앞판 끝선~목둘레선을 완성선에서 모양을 정리하고 가장자리를 계속해서 직선박기하여 안단을 누른다.

13 안단 가장자리를 박는다.

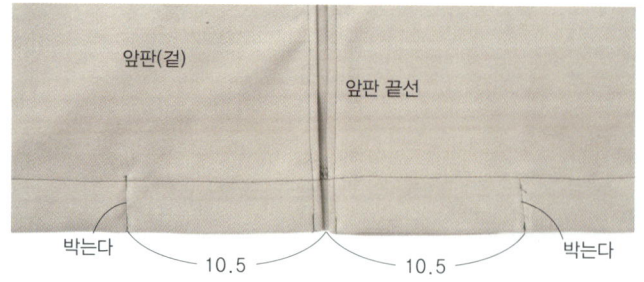

① 앞쪽 안단의 아래 가장자리를 직선박기하여 고정한다.

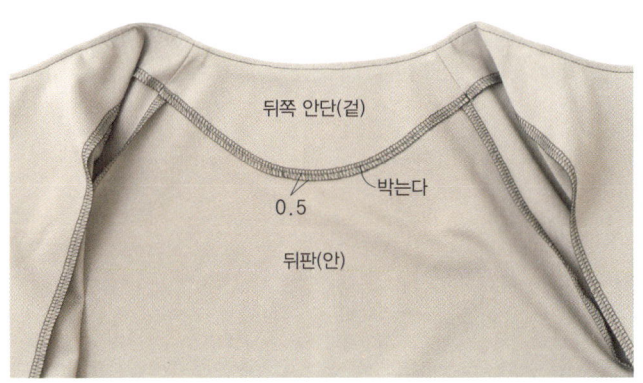

② 뒤쪽 안단의 가장자리를 직선박기하여 고정한다. 안단 가장자리 안쪽을 양면 접착테이프로 몸판에 붙이면 어긋나지 않고 쉽게 박을 수 있다.

완성

L³ 래글런 롱재킷

→ photo / page. 32

[실물 크기 옷본 3, 4면]

[완성 치수(cm)]

	S	M	L	LL
전체 길이	72	73	74	75
가슴둘레	99	105	111	117
화장 길이	67	68.5	70	71.5
소맷부리	34.5	36.5	38.5	40.5

[재료]

사용 옷감: A/W 스트레치 분또 145cm 폭

옷감 필요량	S	M	L	LL
110cm 폭	250	250	250	250
130cm 폭	200	200	200	200
150cm 폭	190	190	190	200

부자재 *S·M·L·LL 공통	필요량·수량
접착심지(35cm 폭)	240cm
늘어남 방지 접착테이프(12mm 폭)	220cm

[옷감을 마름질하는 법] * ▭ 는 뒷면에 접착심지, 늘어남 방지 접착테이프를 붙인다.

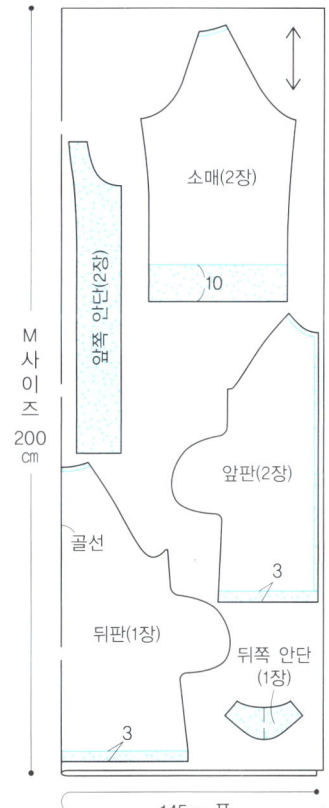

만드는 법은 P.83 [L¹ L² 래 글런 재킷]의 **1~13**을 참조한다.

9부 와이드 팬츠

→ photo / page. 23

[실물 크기 옷본 6면]

[완성 치수(cm)]

	S	M	L	LL
바지 길이	86	87	88	89
허리둘레 (고무줄 없이)	78	84	90	96
밑아래	58.5	58.5	58.5	58.5
엉덩이둘레	86	92	98	104
밑단 폭	28	29.5	31	32.5

[재료]

사용 옷감: A/W 스트레치 분또 145cm 폭

옷감 필요량	S	M	L	LL
110cm 폭	210	210	210	210
130cm 폭	120	200	200	200
150cm 폭	120	130	130	130

부자재 *S·M·L·LL 공통	필요량·수량
접착심지(1.5cm 폭)	60cm
늘어남 방지 접착테이프(12mm 폭)	1m
울리 스핀 테이프	1m
납작 고무줄(35mm 폭)	허리둘레 치수

[옷감을 마름질하는 법] * 🟦 는 뒷면에 접착심지, 늘어남 방지 접착테이프를 붙인다.

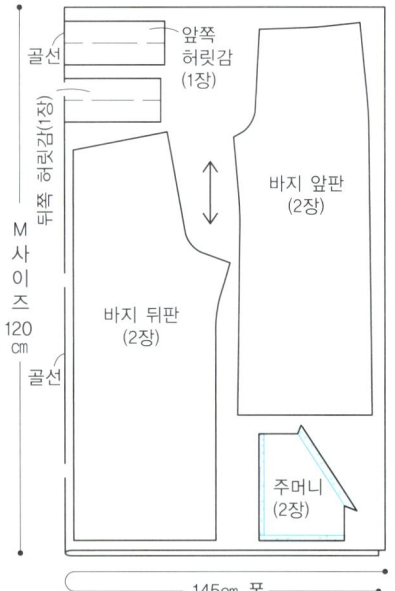

1 옷감을 마름질하여 표시한다.

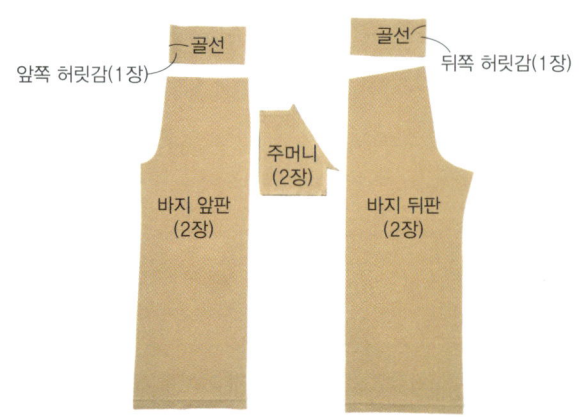

옷본을 만들어서 사진처럼 옷감을 마름질하고 필요한 표시를 한다.
▶page. 37 참조

2 접착심지, 접착테이프를 붙인다.

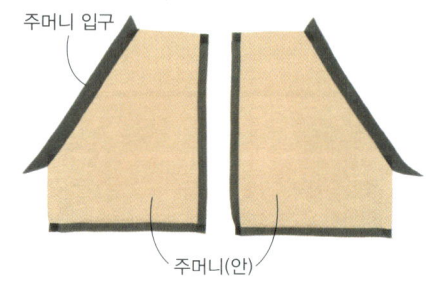

주머니의 주머니 입구 안쪽에 접착심지, 양 옆선과 바닥의 안쪽에는 모서리가 깔끔하게 나오도록 늘어남 방지 접착테이프를 붙인다.
▶page. 37 참조

3 밑단, 허릿감을 완성선에서 접는다.

밑단 시접을 다려서 2.5cm 접는다. ▶page. 37 참조 허릿감은 안 끼리 맞닿게 반으로 접고 다려서 누른다.

4 주머니를 만들어서 단다.

① 주머니 입구의 시접 가장자리를 오버록한다.

② 시접을 접어서 직선박기한다.

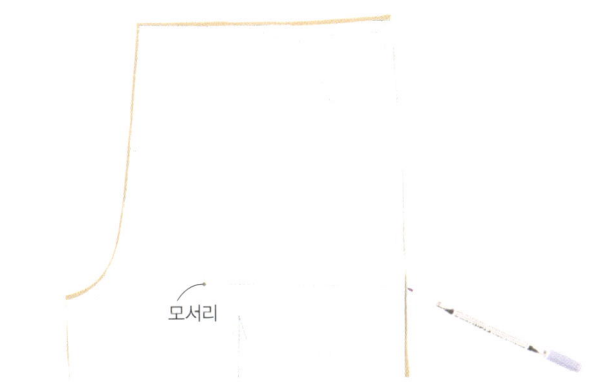

③ 바지 앞판 겉쪽에 옷본을 겹치고 주머니 다는 위치의 모서리를 초크 펜으로 표시한다.

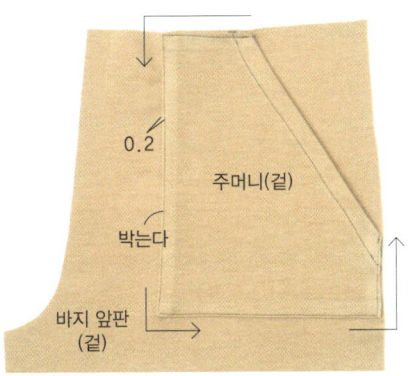

④ 주머니 앞쪽과 아래쪽 시접을 1cm로 접어서 바지 앞판 겉쪽에 겹쳐 놓고 주머니 둘레의 바로 옆을 직선박기한다. 주머니 시접에 옷감용 양면 접착테이프를 붙이고 바지 앞판에 붙여서 임시로 고정하면 박기 쉽다.

5 옆선을 박는다.

바지 앞·뒤판의 옆선을 겉끼리 맞대고 오버록한다. 시접은 뒤쪽으로 넘긴다.

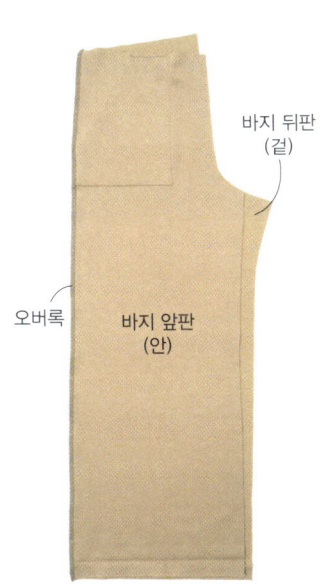

6 밑아래를 박는다.

바지 앞·뒤판의 밑아래를 겉끼리 맞대고 오버록한다. 시접은 좌우 서로 어긋나게 넘긴다.

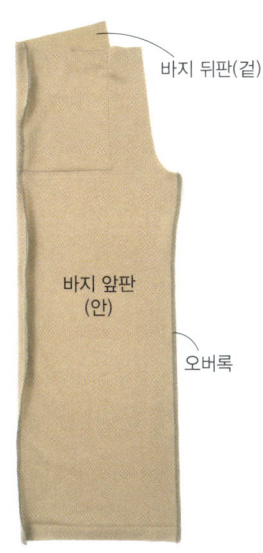

7 밑위를 박는다.

① 바지 오른쪽을 겉으로 뒤집어서 바지 왼쪽 안에 넣고, 밑위를 겉끼리 맞대어 시침 클립으로 고정한다.

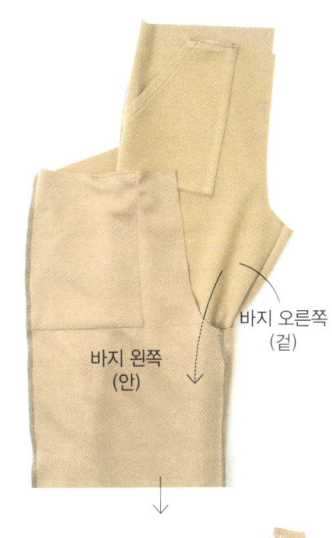

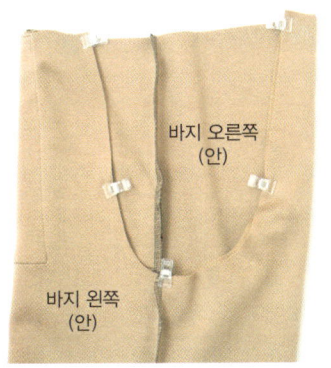

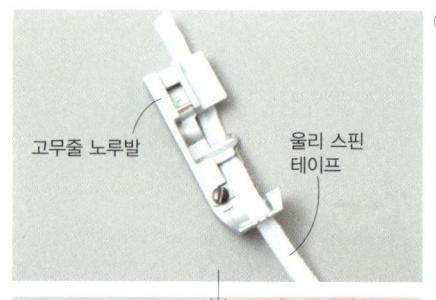

② 오버록 재봉틀의 고무줄 노루발을 준비하여 울리 스핀 테이프를 끼운다. 노루발 발톱에 테이프를 끼워서 재봉틀에 장착한다.

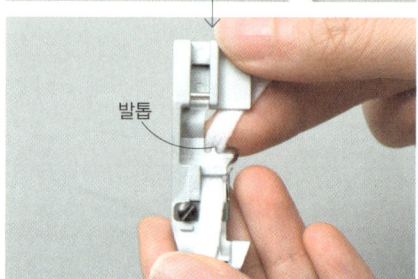

③ 바지 밑위를 오버록 재봉틀에 놓고 울리 스핀 테이프와 함께 오버록 한다. 완성됐을 때 줄어드는 것을 막기 위해 테이프는 당기지 말고 앞쪽으로 늘어뜨려서 손끝으로 살짝 느슨하게 하며 박는다.

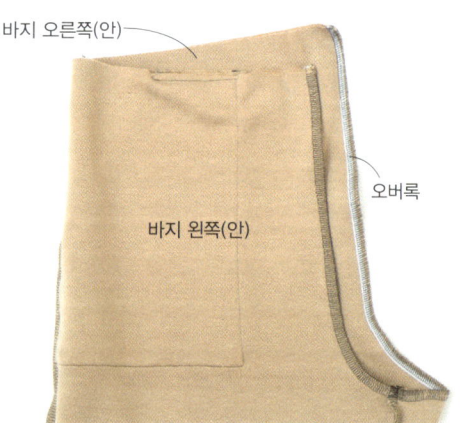

8 허릿감을 만들어서 단다.

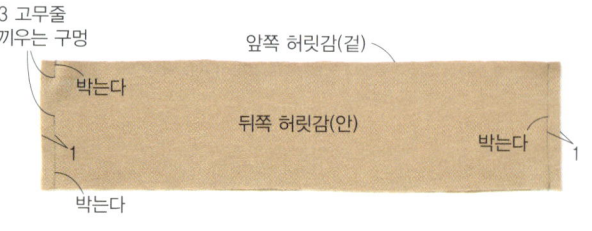

① 앞·뒤쪽 허릿감을 겉끼리 맞대고 한쪽 옆선에 고무줄 끼우는 구멍을 남겨서 양 옆선을 직선박기한다. 시접은 벌린다.

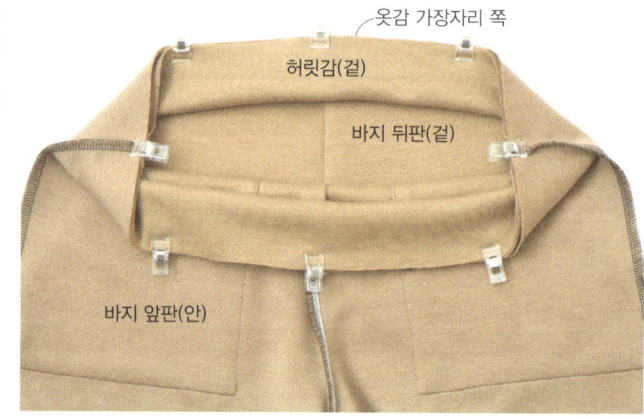

② 허릿감을 완성선에서 다시 접어서 바지 허리선과 겉끼리 맞댄다. 허릿감의 고무줄 끼우는 구멍은 바지 오른쪽 옆선의 안쪽이 되도록 맞춘다.

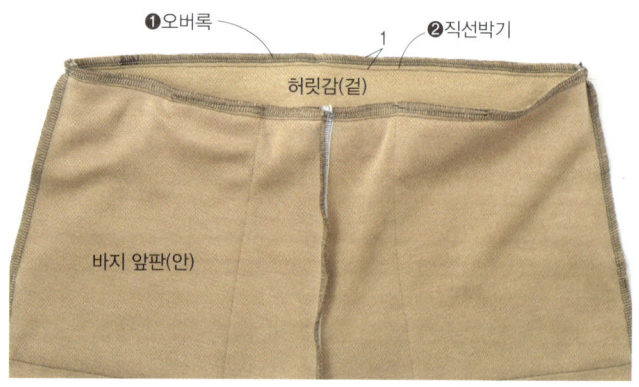

③ 허리선을 오버록하고 보강을 위해 직선박기도 한다. 허릿감을 세워서 모양을 정리한다.

9 밑단을 처리한다.

① 밑단 시접 가장자리를 오버록한다.

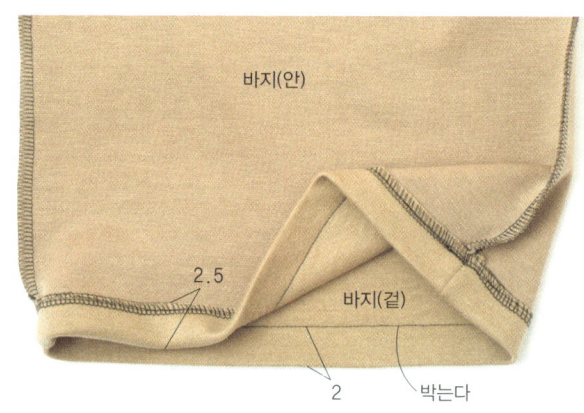

② 완성선에서 접어서 직선박기한다.

10 납작 고무줄을 끼운다.

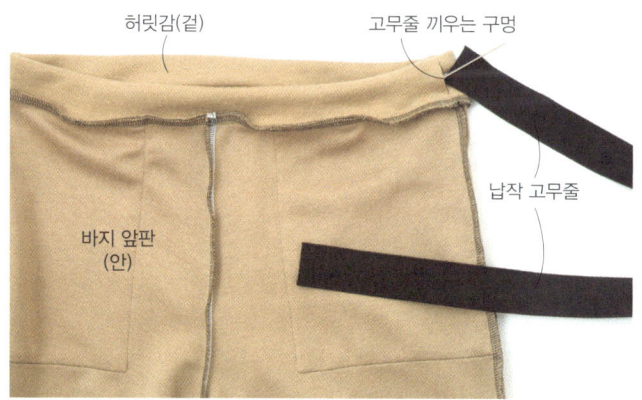

① 허릿감의 고무줄 끼우는 구멍으로 납작 고무줄을 끼운다.

② 납작 고무줄의 양 끝을 겹치고 직선박기하여 고정한다.

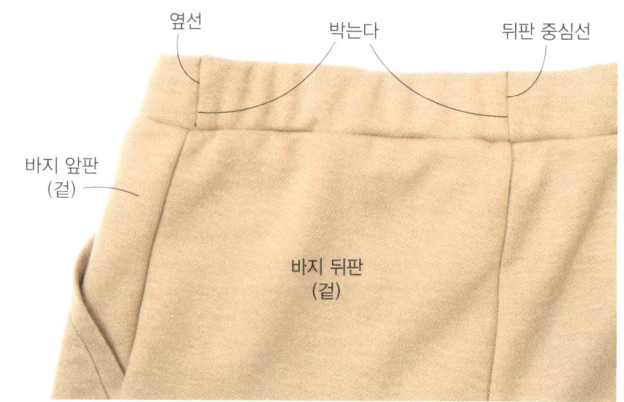

③ 납작 고무줄이 뒤틀리지 않도록 허릿감의 옆선과 뒤판 중심선을 직선박기한다.

완성

M 센터 절개 팬츠

→ photo / page. 29

[실물 크기 옷본 2면]

[완성 치수(cm)]

	S	M	L	LL
바지 길이	86.5	87.5	88.5	89.5
허리둘레 (고무줄 없이)	75	81	87	93
밑아래	62	62	62	62
엉덩이둘레	90	96	102	108
밑단 폭	15	16	17	18

[재료]

오프화이트 사용 옷감: 3단 양면 155cm 폭
남색, 검정 사용 옷감: 고밀도 분또 165cm 폭

옷감 필요량	S	M	L	LL
110cm 폭	190	190	190	190
130cm 폭	190	190	190	190
150cm 폭	140	140	140	140

부자재 *S·M·L·LL 공통	필요량·수량
늘어남 방지 접착테이프(12mm 폭)	40cm
울리 스핀 테이프	70cm
납작 고무줄(35mm 폭)	허리둘레 치수

[옷감을 마름질하는 법] * ▢ 는 뒷면에 늘어남 방지 접착테이프를 붙인다.

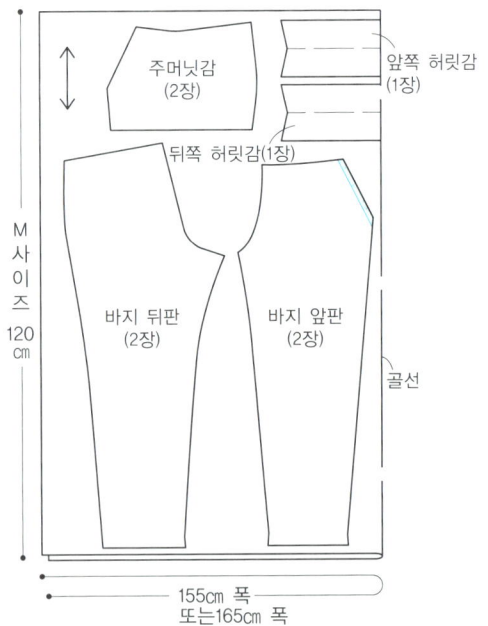

1 옷감을 마름질하여 표시한다.

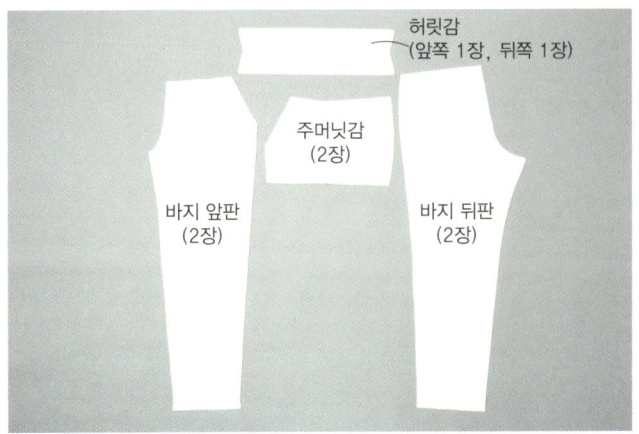

옷본을 만들어서 사진처럼 옷감을 마름질하고 필요한 표시를 한다.
>page. 37 참조

2 접착테이프를 붙인다.

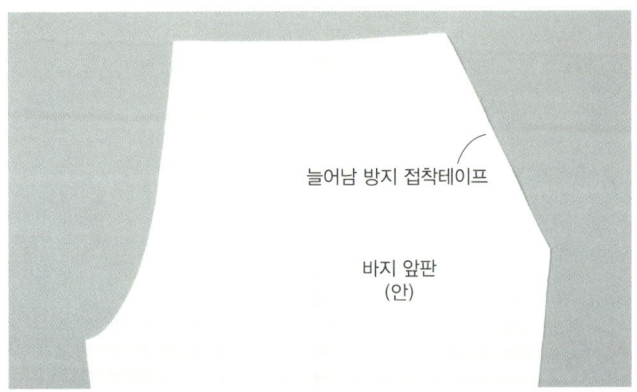

바지 앞판의 주머니 입구 안쪽에 늘어남 방지 접착테이프를 붙인다.
>page. 37 참조

3 밑단 시접 가장자리를 오버록한다.

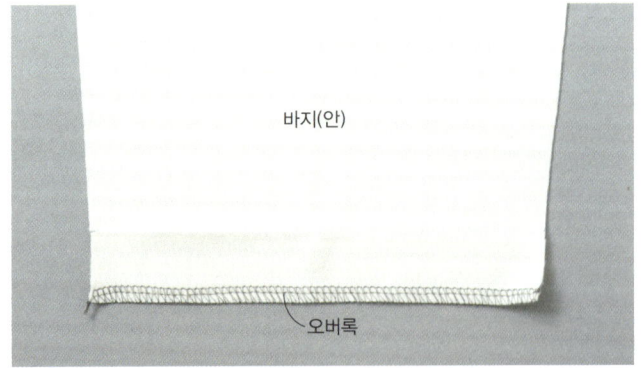

밑단 시접 가장자리를 오버록한다.

4 밑단, 허릿감을 완성선에서 접는다.

밑단 시접을 다려서 2.5cm 접는다. >page. 37 참조 허릿감은 안끼리 맞닿게 반으로 접고 다려서 누른다.

5 바지 앞판의 절개선을 박는다.

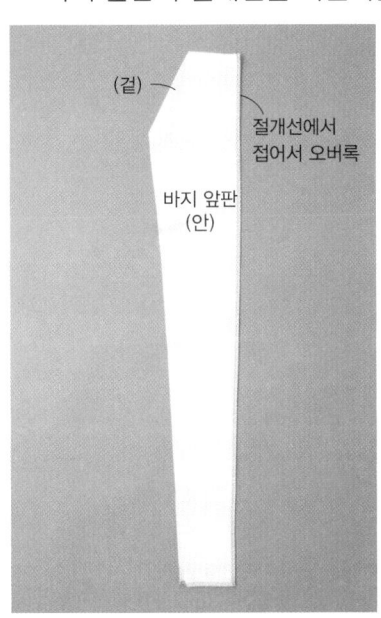

바지 앞판을 절개선에서 겉끼리 맞닿게 반으로 접어서 오버록한다.

6 주머니를 만든다.

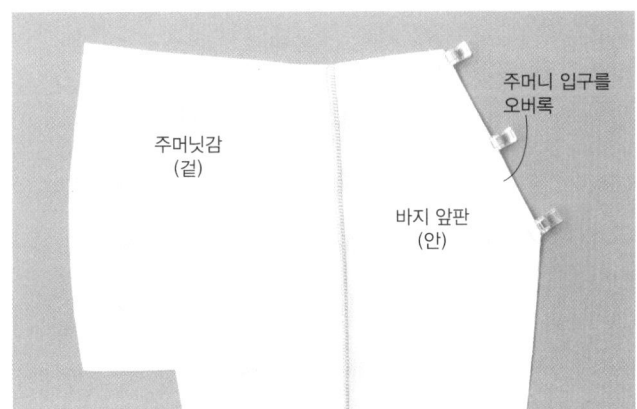

① 바지 앞판과 주머닛감의 주머니 입구를 겉끼리 맞대고 시침 클립으로 고정한 뒤 오버록한다.

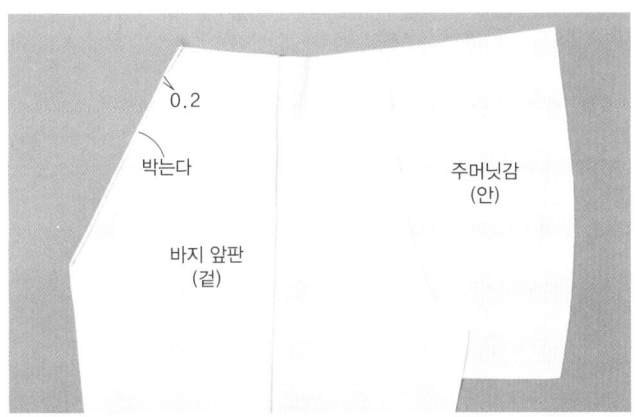

② 주머닛감을 바지 앞판의 안쪽으로 접어서 넘기고 주머니 입구를 정리한 뒤에 입구 바로 옆을 직선박기하여 시접을 누른다.

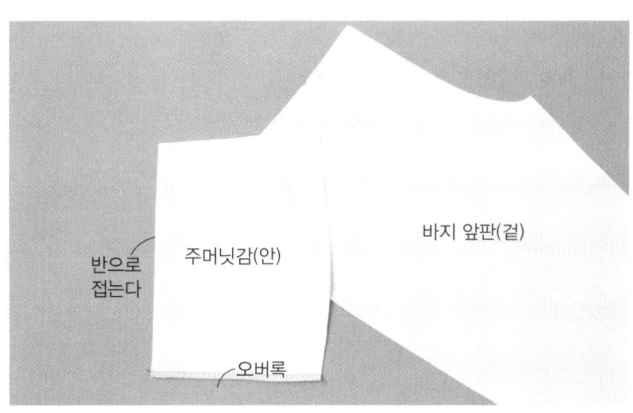

③ 주머닛감을 겉끼리 맞닿게 반으로 접어서 주머닛감 바닥을 오버록한다.

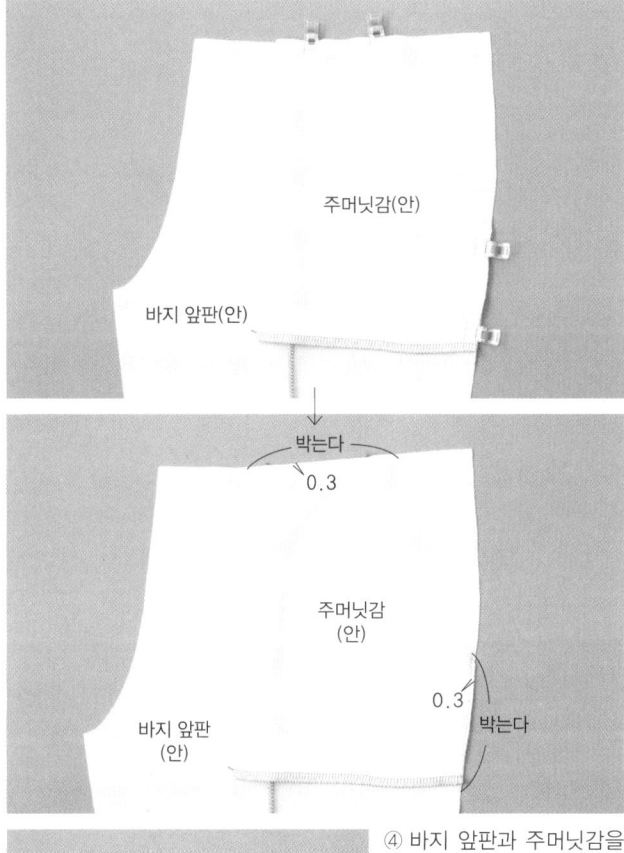

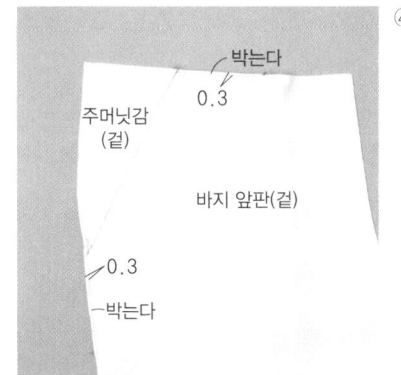

④ 바지 앞판과 주머닛감을 완성선에서 겹쳐서 주머닛감의 위쪽 가장자리와 옆선 시접을 직선박기하여 임시로 고정한다.

7 옆선을 박는다.

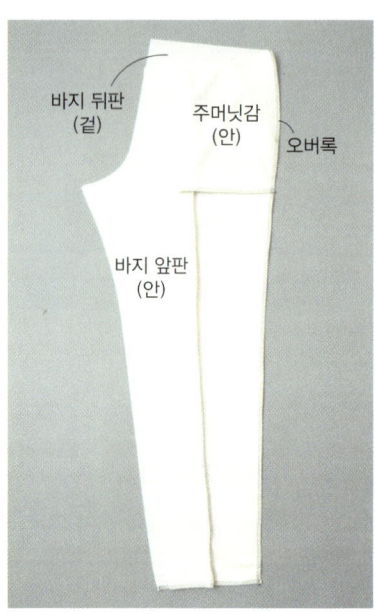

바지 앞·뒤판의 옆선을 겉끼리 맞대고 오버록한다. 시접은 뒤쪽으로 넘긴다.

8 밑아래를 박는다.

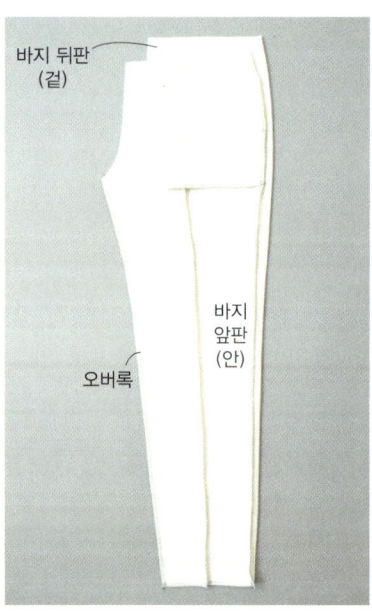

바지 앞·뒤판의 밑아래를 겉끼리 맞대고 오버록한다. 시접은 좌우가 엇갈리도록 넘긴다.

9 밑위를 박는다.

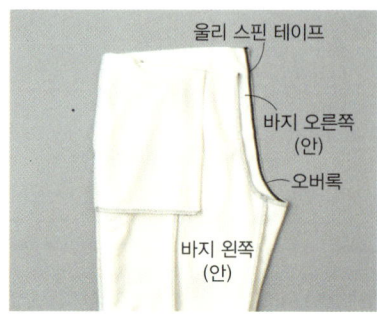

바지 왼쪽·오른쪽의 밑위를 겉끼리 맞대고 울리 스핀 테이프를 넣으면서 오버록한다.

> page. 87 **7** 참조

10 허릿감을 만들어서 단다.

① 앞·뒤쪽 허릿감을 겉끼리 맞대어 한쪽 옆선에만 고무줄 끼우는 구멍을 남기고 양 옆선을 직선박기한다. 시접은 벌린다.

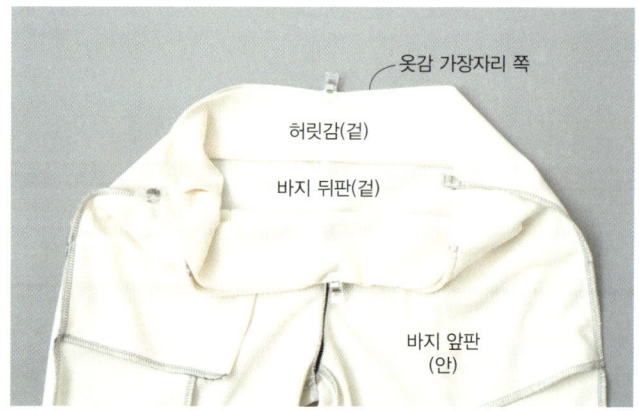

② 허릿감을 완성선에서 접어서 바지 허리둘레에 겉끼리 맞닿게 대고 시침 클립으로 고정한다. 허릿감의 고무줄 끼우는 구멍은 바지 왼쪽 옆선에 맞춘다.

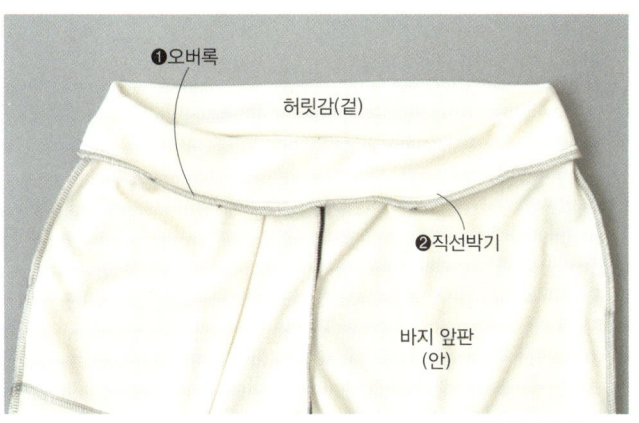

③ 허리선을 오버록하고 보강용으로 직선박기도 한다. >page. 88 8 참조
허릿감을 세워서 모양을 정리한다.

11 밑단을 처리한다.
밑단을 완성선에서 접어서 직선박기한다.
>page. 89 9 참조

12 납작 고무줄을 끼운다.
허릿감에 납작 고무줄을 끼우고 고무줄 양 끝을 겹쳐서 직선박기하여 고정한다. >page. 89 10 참조

완성

G 접박기 와이드 팬츠

→ photo / page. 19

[실물 크기 옷본 4면]

[완성 치수(cm)]

	S	M	L	LL
바지 길이	86	87	88	89
허리둘레 (고무줄 없이)	77	83	89	95
밑아래	55	55	55	55
엉덩이둘레	164	170	176	182
밑단 폭	51	53.5	56	58.5

[재료]

사용 옷감: 고밀도 분또 165cm 폭

옷감 필요량	S	M	L	LL
150cm 폭	200	200	200	200

부자재 *S·M·L·LL 공통	필요량·수량
울리 스핀 테이프	1 m
납작 고무줄(35mm 폭)	허리둘레 치수

[옷감을 마름질하는 법]

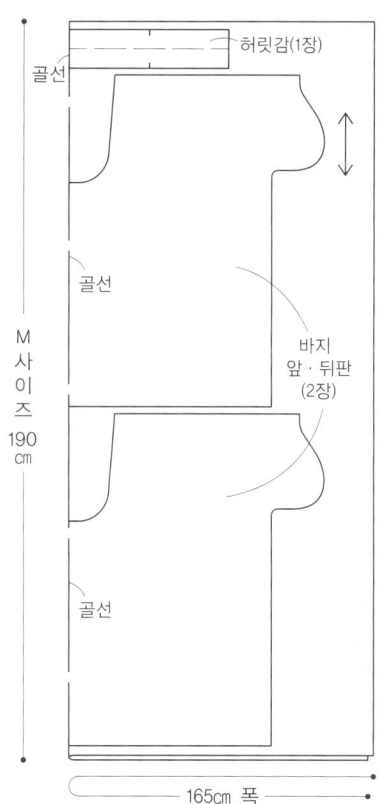

1 옷감을 마름질하여 표시한다.

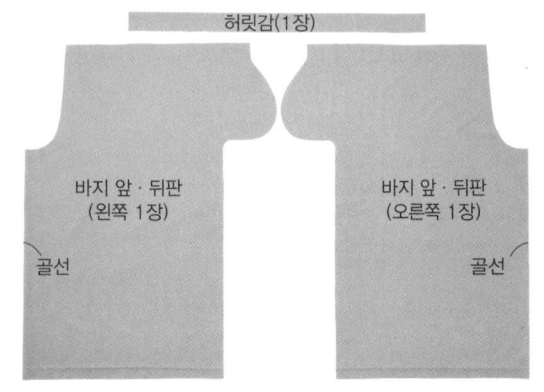

옷본을 만들어서 사진처럼 옷감을 마름질하고 필요한 표시를 한다.
>page. 37 참조 * 알아보기 쉽도록 다른 색 옷감을 사용하여 설명합니다.

바지 2장에 각각 옷본을 겹치고 접박기 위치와 접박기 박음질 끝, 주머니 입구를 초크 펜으로 표시한다.

2 밑단, 허릿감을 완성선에서 접는다.

밑단 시접을 다려서 2.5cm 접는다. >page. 37 참조 허릿감은 안끼리 맞닿게 반으로 접고 다려서 누른다.

3 접박기 주름을 접는다.

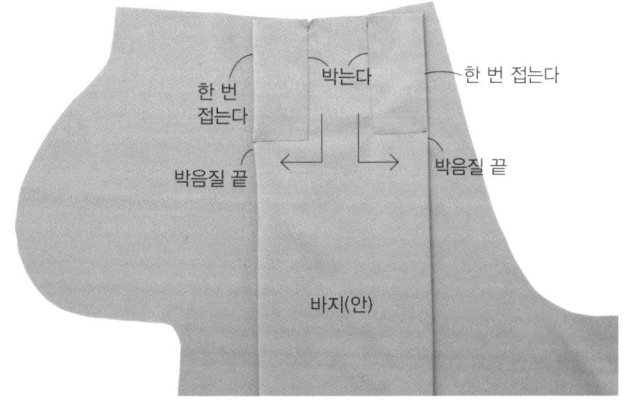

① 접박기 위치를 겉끼리 맞닿게 접고 박음질 끝까지 직선박기한다. 한 군데씩 박고 맞은편은 박지 않도록 한다.

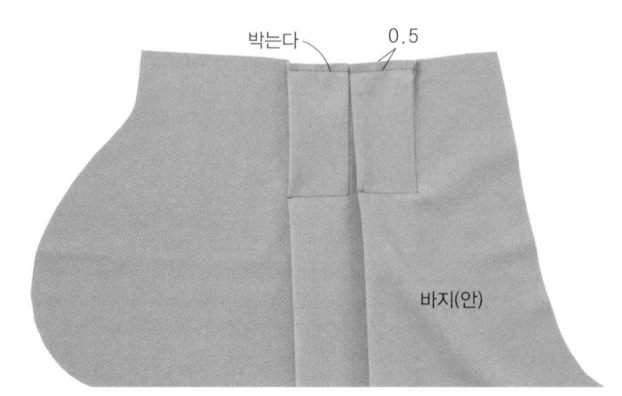

② 중심 쪽 주름을 옆선 쪽으로 넘기고 위쪽 가장자리를 직선박기하여 임시로 고정한다.

4 옆선을 박는다.

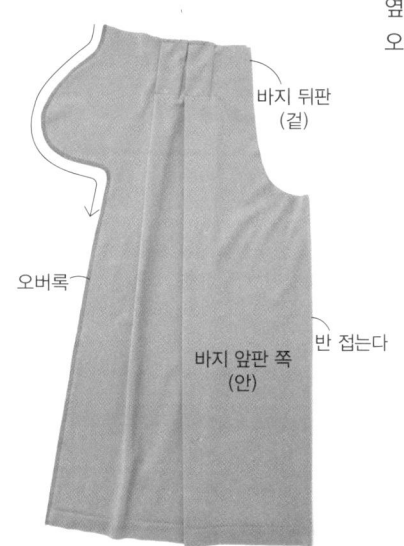

옆선 2장을 겉끼리 맞대고 오버록한다.

5 주머니 입구의 위아래를 박는다.

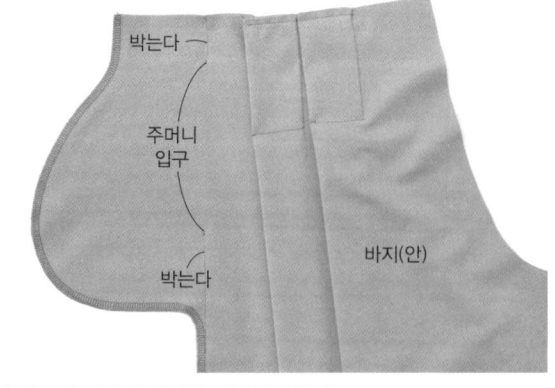

① 주머니 입구의 위아래 옆선을 직선박기한다.

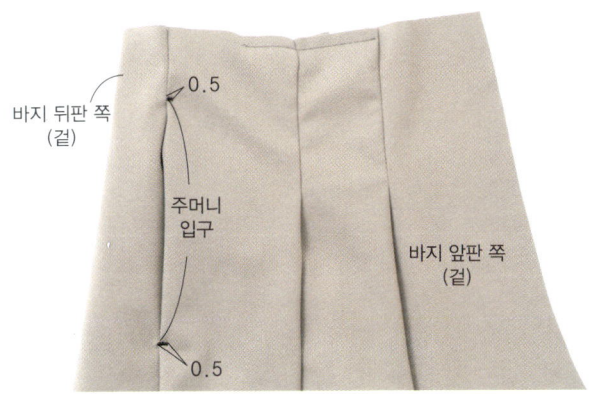

② 바지를 겉으로 뒤집고 주머닛감을 앞쪽으로 넘긴 뒤에 주머니 입구의 위아래 끝에 빗장박기(박음질 폭 2.6mm, 바늘땀 길이 0.2mm로 설정한 지그재그박기)를 하여 보강한다.

6 밑위를 박는다.

바지 2장의 밑위를 겉끼리 맞대고 울리 스핀 테이프를 넣으면서 오버록한다. >page. 87 **7** 참조

7 허릿감을 만들어서 단다.

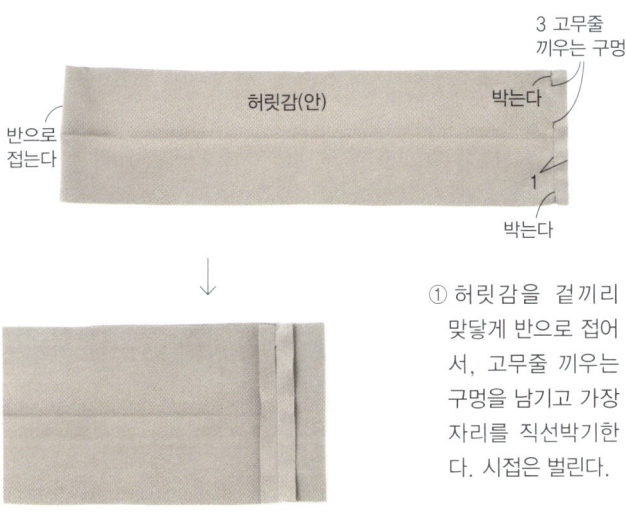

① 허릿감을 겉끼리 맞닿게 반으로 접어서, 고무줄 끼우는 구멍을 남기고 가장자리를 직선박기한다. 시접은 벌린다.

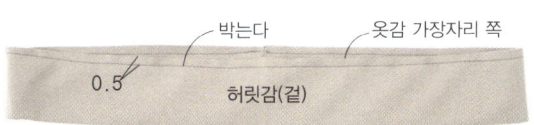

② 완성선에서 다시 접고 옷감 가장자리 쪽을 직선박기하여 임시로 고정한다.

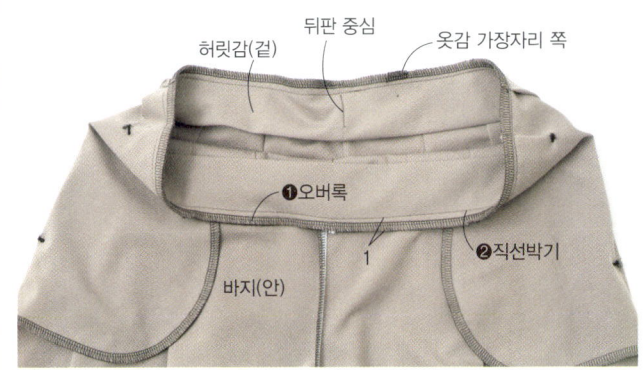

허릿감을 바지 허리선에 겉끼리 맞닿게 대고(고무줄 끼우는 구멍은 뒤판 중심에 맞춘다) 오버록한 뒤에 보강용으로 직선박기를 한다.

8 밑단을 처리한다.

밑단 시접 가장자리를 오버록하고 완성선에서 접어서 직선박기한다. >page. 89 **9** 참조

9 납작 고무줄을 끼운다.

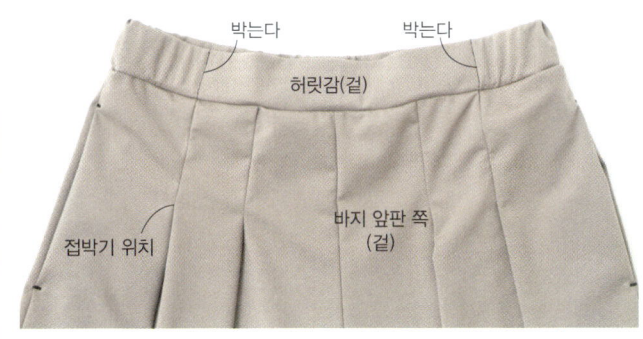

허릿감에 납작 고무줄을 끼우고 고무줄 양 끝을 겹쳐서 직선박기하여 고정한다. >page. 89 **10** 참조 오른쪽 옆선 쪽 접박기~왼쪽 옆선 쪽 접박기 사이의 앞쪽 허릿감을 고무줄을 늘이지 않고 납작하게 하여 옆선 쪽 접박기의 연장선을 직선박기하여 고정한다.

완성

"MINNA GA ERANDA PATTERN COLLECTION" (NV80712) by Muki Kurai
Copyright ⓒ Muki Kurai / NIHON VOGUE-SHA 2022
All rights reserved.
First published in Japan in 2022 by NIHON VOGUE Corp.
Photographer: Yukari Shirai, Nobuhiko Honma
This Korean edition is published by arrangement with NIHON VOGUE Corp., Tokyo
in care of Tuttle-Mori Agency, Inc., Tokyo, through Botong Agency, Seoul.

이 책의 한국어판 저작권은 Botong Agency를 통한 저작권자와의 독점 계약으로 즐거운상상이 소유합니다.
신 저작권법에 의하여 한국 내에서 보호를 받는 저작물이므로 무단전재와 무단복제를 금합니다.
이 책에서 소개한 작품의 전부 또는 일부를 상품화, 복제하는 것은 금지되어 있습니다.

오버록으로 간단하게 만드는 예쁜 옷

1쇄 펴낸날 2023년 4월 7일

지은이 _ 구라이 무키
옮긴이 _ 남궁가윤
펴낸이 _ 정원정, 김자영
편집 _ 홍현숙
디자인 _ 김민정, 이유진

펴낸곳 _ 즐거운상상
주소 _ 서울시 중구 충무로 13 엘크루메트로시티 1811호
전화 _ 02-706-9452 팩스 _ 02-706-9458
전자우편 _ happydreampub@naver.com
인스타그램 _ happywitches
출판등록 _ 2001년 5월 7일
인쇄 _ 천일문화사

ISBN 979-11-5536-194-8 (13630)

* 이 책의 모든 글과 그림, 사진, 디자인을 무단으로 복사, 복제, 전재하는 것은 저작권법에 위배됩니다.
* 잘못 만들어진 책은 서점에서 교환하여 드립니다.
* 책값은 뒤표지에 있습니다.